1日3分読むだけで 一生語れる モンスター図鑑

山北篤・細江ひろみ 著
LIM・緑川美帆 イラスト

すばる舎

モンスターを知れば知るほど得することとは？
〜はじめに〜

圧倒的な強さを持つ神話のモンスター

現代では、数多くのゲーム・コミック・ノベルなどに登場し、おなじみとなっているモンスターたち。彼らは、一体どこからやって来たのだろうか。

大きくわけて、「神話」「伝承」「創作」の３つがある。

まず、神話起源の怪物たちだ。我が国の日本神話、世界的にも有名なギリシア神話くらいは、多くの人が知っているだろうが、それだけのはずはない。世界のほとんどの民族は、民族独自の神話を持っている。そして、その神話の多くでは、神々の敵として、様々な悪神・怪物たちが語られている。

代表的なものとしては、聖書神話のリヴァイアサン、ギリシア神話のヒュドラ、北欧神話のガルムなどがいる。比較的平和な日本神話ですら、八岐大蛇（やまたのおろち）などの怪物がいる。

神話の怪物の特徴としては、ともかく圧倒的なまでの強さだ。神々や神に匹敵するほどの英雄たちの敵として登場するモンスターたちは、神々には勝てないものの、並の人間など相手にならないほどの強さを誇る。そのため、ゲームなどでは、ラスボスとして登場することになる。

次に伝承のモンスターたちだ。民間伝承や民話などに登場する怪物は、もちろん並の人間よりは強いものの、決して勝てない相手ではない。

また、腕力では勝てなくとも、知恵で勝利することができるモンスターもいる。民間伝承や民話に出てくるということは、そのモンスターの相手をするのは、ただの人間だ。逆にいえば、伝承のモンスターたちは、ただの人間が相手にできる程度の存在なのだ。

その代表ともいえるのが、ゴブリンなどの雑魚モンスターだ。そこまで弱くなくても、ケルピーやウィル・オ・ザ・ウィスプのようにちょっとした知恵や注意力があれば、避けられるモンスターが伝承の怪物だ。

また、友好的な生き物がいることも伝承モンスターの特徴である。エルフやドワーフは、その代表ともいえる存在だ。ただ礼儀正しくすれば友好的だが、無礼なことをするとしっぺ返しがあるので注意が必要だ。

モンスターの源流を知っていると得られるメリット

最後が、創作されたモンスターだ。これは、作者の想像力によって千差万別で、共通する特徴は存在しない。

それこそ、キングコングやゴジラなどまで含めれば、人類の脅威からホラーの怪物まで、どんなものでも登場させられる。

ただし、完全にオリジナルのモンスターは、実は数少ない。神話・伝承を起源に持たないモンスターは、スライムくらいしかいないだろう。

ほとんどのモンスターは、神話や伝承にヒントを得て、創作によってパワーアップされたものだ。

ドラゴンはその最たるもので、ギリシア神話のドラゴンだけでなく、聖書神話のドラゴン、その他の世界各国のドラゴン神話や伝承を引き継いで、新たなドラゴンが日々生みだされている。

創作に登場するゴブリンも、伝承のゴブリンと比べると、かなり改変されている。

名前だけ神話や伝承を借りているが、実際には完全に創作になってしまっているモンスターもいる。

その代表例がゾンビだ。というか、伝承のゾンビ、映画のゾンビ、ゲームのゾンビは、名前こそ同じだが中身は全く異なる。

また、神話伝承に登場する様々な怪物の分類は、創作者のヒントになってきた。ドラゴンおよびその眷属（けんぞく）、巨人、様々なアンデッド、人間型の怪物、人造の怪物、妖精など、神話や伝承に登場するモンスターの枠組みを利用して、新たなモンスターを創造する創作者は無数に存在する。

これからも、神話・伝承を原料にしながら、数々の創作に次々と新しいモンスターたちが登場するに違いない。

だが、その源流を知っておくと、勘が働くようになる。ゲームなどに登場した場合も、「こいつはこんな攻撃をしてくるんじゃないか」とか「こんな弱点があるんじゃないか」と想像できたりする。

まさに、知識は力なりだ。

ぜひ楽しみながら読んでもらいたい。

［もくじ］1日3分読むだけで一生語れる モンスター図鑑

第2章 友人級モンスター

第3章 強敵級モンスター

第5章 中ボス級モンスター

第6章
ラスボス級モンスター

第1章

雑魚級モンスター

【モンスター資料館館長からのメッセージ①】

「戦いに勝ちたいならば、まず知識が必要なのだよ」

やぁ、よく来たね。未来の冒険者諸君。

私が、このモンスター資料館の館長だ。

おっと、君たちはまだ冒険者じゃない。なにしろモンスターを倒したことがないんだからね。

倒したことがある？　そりゃあ幸運だったな。それとも町の外へ出て近場で雑魚モンスターを倒し、すぐ町に戻る賢明さがあったのかな？　いずれにしろ、命を落とさなくて、よかったよ。

なにしろ、町の外にはモンスターがうようよいる。倒しても倒しても湧いてくる。

なのに、退治してくれる冒険者は、いつでも人手不足だ。

だから、何の知識もなく冒険を始めて、あっという間に雑魚モンスターにやられてしまうなんてことは、君たちだけじゃなく、私たちにとっても、大きな損失なんだ。

なら、もっと良い装備を支給してくれって？　それはダメだ。使いこなせない優れた装備は、油断につながる。そして油断すれば死ぬだけだ。

最初は町の入り口あたりで、弱いモンスターを選んでひのきの棒でぶん殴る。倒したら町に戻って体調を整える。夜は町から絶対出ない。そのぐらい慎重にやった方がいい。

まだ大丈夫だ、とあなどって、あと一歩、あともう一歩と町から離れ、最弱級の雑魚モンスター……例えばゴブリンに八つ裂きにされたり、スライムに溶かされて死んでしまう新人冒険者は、君たちが思うよりも多いんだよ。

ベテラン冒険者に、君たちの護衛をさせながら、実地訓練ができればよいのだが、その人手さえ不足している。

だから私たちは、知識を蓄え、その知識を君たちに与えることにした。

私は君たちに、モンスターについて教える。

君たちは、その知識を使ってモンスターを退治する。

そして余裕があるうちに、生きて町に帰還する。

モンスターを倒した賞金を貯めて、自力で新しい自分に合った装備を手に入れる。

あとはそれを繰り返して強くなる。

もっとも、ここで教えられる知識は完璧じゃない。同じ種類のモンスターでも個体差や例外がたくさんある。

人間にも、幼児もいれば英雄もいるのと同じことだ。

その上モンスターは、人間よりもずっと変異しやすい。人間のような安定した種ではないからだろう。

今日通用した情報が、明日も通用するとは限らないし、地域差もある。

もし君たちが新しい情報を得て帰還したなら、ぜひ私にそれを教えて欲しい。そうすれば、私はより正確な情報を、君たちの後輩に教えることができる、というわけだ。

001
ゴブリン
GOBLIN

勇敢で正義感の強かったゴブリンは、なぜ邪悪な種族となったのか？

現代では雑魚モンスターの代表とされている「ゴブリン」。だがゴブリンは、最初から雑魚敵ではなかった。

元々ゴブリンは、イギリスの妖精だ。ねじくれた小人で、意地が悪く酷い悪戯(いたずら)をするといわれている。だが人を殺したりするような邪悪な妖精ではなかった。

それでも、小さな子どもに「言うことを聞かないと、ゴブリンにさらわれちゃうよ」と脅かして言い聞かせるくらいには怖い存在だった。

日本でいうところの、鬼やなまはげの役割だ。そのためか、ラフカディオ・ハーン[1]は、その作品で日本の「鬼」を「ゴブリン」と表記している。

昔の作品では、ゴブリンは悪しき妖精であることもあれば、勇敢で正義感の強い種族であることもあった。神話や伝承、創作作品によって、ゴブリンの姿は、様々だったのだ。

そんなゴブリンが、人類に敵対する邪悪な種族と位置付けられてしまったのは、**『指輪物語』の作者として有名なJ.R.R.トールキンの影響だ。**

トールキンの著書『ホビットの冒険』では、主人公のホビットとドワーフたちは一緒に冒険の旅に出かける。

その時、敵として立ちふさがるのがゴブリンなのだ。

それまでは、意地悪で悪戯をするひねくれ者ではあっても、人類の不倶戴天(ふぐたいてん)の敵として殺し合う相手ではなかった。だがトールキンは、**ゴブリンを人と敵対する絶対悪として書いたのだった。**

ここから、ゴブリン＝邪悪な種族というイメージが大きく広がった。しかしゴブリンにも善なる種族はいるのだ。

善良だったホブゴブリンもトールキンのせいで邪悪な存在に

ホブゴブリンは、ホブ（善良）なゴブリンであって、姿形はゴブリンと大差ないが、家事の手伝いをしてくれる親切なゴブリンだ。

ただし、あくまでもゴブリンなので、非礼があると、手酷いしっぺ返しを食らう。だが、ホブゴブリンのしっぺ返しを受けるような人間は、ほとんど自業自得で、同情されることは少ない。

このホブゴブリンが、邪悪なゴブリンの上位種族になったのは、**世界初のテーブルトークRPG『ダンジョンズ＆ドラゴンズ』（『D&D』）の影響だ。**

この作品の作者もトールキンファンだったため、ホブゴブリンは邪悪な種族に入れられてしまった。

そして、ホブゴブリンをゴブリンより大きく強い邪悪なモンスターにした。

この『Ｄ＆Ｄ』が大ヒットしたため、その後ホブゴブリンは、ゴブリンの邪悪な上位種族として定着した。

ゴブリンやホブゴブリンは、トールキンとそのファンたちに向かって、我々の名誉を汚したと文句を言ってもいいだろう。

1　日本名は小泉八雲。『怪談』などで、日本を海外に紹介した。ちなみに、彼の作品は英語で書かれており、日本語の作品は英語から翻訳したものである。

002

スライム

Slime

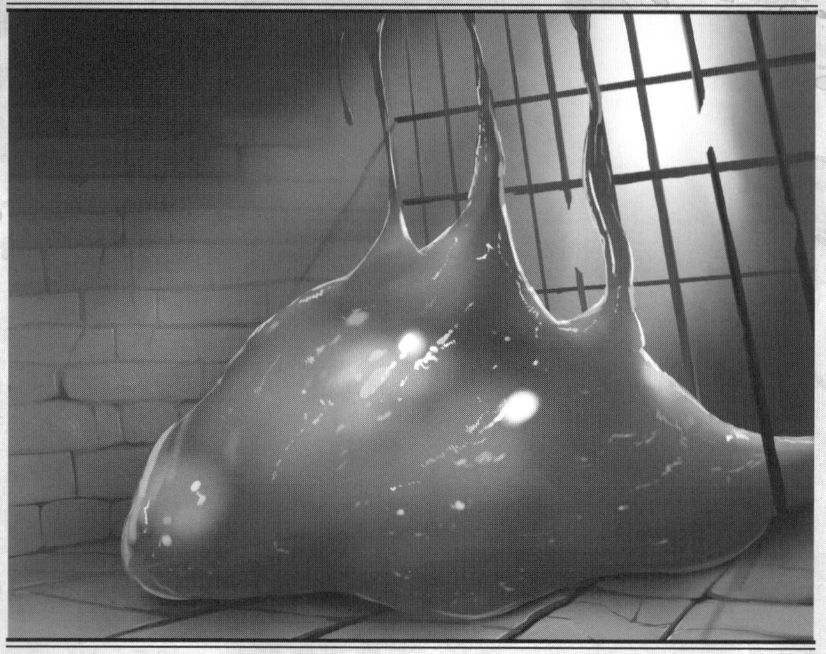

実は、長い間名前のなかった「スライム」

ネバネバした粘液状の不定形モンスターである「スライム」。その名高さから、さぞ古い歴史があるのかと思いきや、20世紀になってから登場した意外に歴史の浅いモンスターである。

なぜなら、**ネバネバしたものが生きているという発想が、昔の人々になかったからだ。**

だが、19世紀に変形菌（粘菌といわれることも多い）や細胞性粘菌などが発見されて初めて、不定形の生き物がいることが知られるようになった。

ただ発見初期は、その粘液状の生物を分類できないまま、スライム・モールドと呼ばれていた。

そして20世紀、この不定形の生き物が人を襲ったら気持ち悪くて怖いんじゃないかと考えた作家がいた。

アメリカの怪奇小説作家で「クトゥルフ神話」を生み出したH.P.ラヴクラフトである。彼は、1931年発表の『狂気の山脈にて』で、旧支配者の作った人工生物「ショゴス」をスライム状の生物として登場させている。

ショゴスは通常、泡が凝集したものに似ている粘着性のゼリーから構成される無定型の実体で、球体になっている場合、その平均直径はおおよそ15フィートほどだ。

他にも、ぬめぬめとした気持ち悪い生物を登場させた作家は何人もいたが、それぞれ別の名前を付けていたため、統一した名前というものは存在しなかった。

三流ホラー作家が「スライム」と命名し、『D&D』で定着する

そんな作家の1人に、ジョセフ・P・ブレナンという三流ホラー作家がいた。

彼が『ウィアード・テールズ』誌1953年3月号に掲載した『スライム』こそが、怪物としてのスライムの初登場だ。

ブレナンは、そのぬめぬめした生物を、スライム・モールドからスライムという名前にして登場させた。彼は、後世に残るような作品は作れなかったが、スライムの命名者として現在も記憶されている。

だが、ブレナンの作品だけではスライムという名称は定着しなかっただろう。

同様の生物の呼び名は、「アメーバ」「ウーズ」「グー」「ゲル」「ゼラチン」「プディング」「ブロブ」など数多くあったからだ。

そして**「スライム」という名前を定着させたのが、『ダンジョンズ＆ドラゴンズ』だ。**

この作品の『モンスター・マニュアル』は、スライムのみならず多くのモンスターの姿形を決定させた。

それによると、スライムはオリーブ色で不定形の植物型モンスターで、湿った森や沼に棲み、小さいものから巨大なものまで様々なサイズと強さがあるとされている。

その後は、「不定形のモンスター」＝「スライム」として、多くの創作に登場するようになった。今では『ドラゴンクエスト』シリーズのように、定型の身体を持ったスライムすら作られている。

003 オーク

ORC

元はエルフだったが、悪魔によって姿形を変えられオークとなる

「オーク」は、現在のファンタジー作品には欠かせない定番中の定番モンスターだ。

しかし、実は**20世紀も半ばになって創作作品に初めて登場したモンスターで、神話などには一切登場しないと聞くと、驚く人は多いだろう。**

オークは、J.R.R.トールキンが1954年に発表した『指輪物語』に登場させた悪の兵士種族だ。『指輪物語』の世界では、唯一神エルを裏切ったメルコール[1]がこの物語の悪役だ。

彼は手下を欲していた。そこでエルの作った美しい種族エルフを捕らえ、拷問にかけて醜いオークを作り出した。

メルコールの拷問を経て、エルフの美しかった白い肌はどす黒い灰色となり、手足には鉤爪が生えて、醜い姿となり果てた。

身長はエルフよりも低く人間程度[2]だが、腕っぷしは人間より強く、エルフと異なり繁殖力が旺盛で、どんどん数が増える。

しかし、女オークは物語には登場しない。ただ、トールキンの書簡によると、存在はしているらしい。

また、美しい武器は作れないが、ねじ曲がった醜い武器や破壊のための兵器を作り出すことはできる。本来の知性はエルフに劣らないのだが、嫉妬深く、他者の足を引っ張る性質であるために、あまり成長は見込めない。

オークはその繁殖力で数を増やし、最後の戦いでは大軍を編成して大戦争を起こしている。兵士としては、並の人間よりも強いので、普通の兵士では分が悪い。

名前の由来は、ローマの死神「オルクス(Orcus)」から

『指輪物語』においては、善の勢力では、オークのことを「オーク」と呼んでいるが、オークたちは自分たちを「ウルク」と呼んでいる。だが、ホビットたちはオークたちを「ゴブリン」と呼んでいる。

つまり、『ホビットの冒険』に出てくるゴブリンは、ホビットの視点から物語が語られているためゴブリンと呼ばれているが、実はオークのことだ。

オーク(orc)という名前がどこから来たのか確実な文献は残っていないが、**古英語の「悪魔」という意味のオークから取ったといわれている。**

さらにいえば、**その古英語のオークは、ローマの死の神オルクス(Orcus)から転用されたものだ。そのためオークの語源はオルクスであるといわれている。**

ただ、トールキン以前にも、オークというモンスターは存在した。ただし、それは海の怪物であった。

プリニウスの『博物誌』に登場するオルカ(orca)、つまりシャチが口承伝承されているうちにできたモンスターらしい。

海の怪物オークは鱗があって牙を持ち、剛毛まで生えていたというから、魚か爬虫類だろう。そこからも現在のオークとは関係がないことは明らかだ。

1　キリスト教における、ヤハウェを裏切ったルシファーのような立ち位置にいる。エルがヤハウェで、メルコールがルシファーだ。
2　指輪物語の世界では、エルフは人間より立派な体格をしており背が高い。

004

コボルト

KOBOLD

ろくでもない悪戯をするが、ミルクをあげると家事を手伝ってくれる

ゴブリンがイギリスの妖精であるのに対して、コボルトはドイツの妖精だ。

やはりひねこびた小人の姿で、たまに助けてくれることもあるが、多くの場合はろくでもない悪戯をする。

そのあたりがゴブリンに似ているせいか、ドイツ語の本ではコボルトとなっているところが、英語ではゴブリンと訳されていることが多い。

もちろん、英語のゴブリンがドイツ語でコボルトと訳されている例も多い。

コボルトは、人間よりも小さく、醜い小人の姿をした妖精だ。

人家に住んでいるが、人間には姿が見えない。

そのため、**ミルクを皿に入れて置いておくと、いつの間にか家事が終わっていることがあるのだという。**

これは、コボルトがミルクの代償に家事を引き受けてくれたのだ。

ただし、**これをよいことに、代償を与えないままに家事をさせ続けると、最後に酷い悪戯をして、家から出て行ってしまう。**

しかし、コボルトは贈り物をもらうと、その家ですることは終わったと、家を出て行ってしまうのだという言い伝えもある。

つまり、コボルトに仕事を続けてもらうには、ミルクのような消費したらなくなってしまう物だけを与えて、衣服や靴などのすぐになくならない贈り物をしないのが良いとされる。

また、いつも家事を手伝ってくれるコボルトに、感謝の気持ちを込めて服を作ってやったら、「これでもう仕事はおしまいだ」と言って、家から去ってしまったという民話もある。

地底や鉱山に住み、時折鉱夫を困らせることも

もう一つのコボルトの姿は、地底や鉱山の坑道に住み、様々な鉱物を掘っている妖精だ。

こちらのコボルトは、どちらかというとドワーフに似ている。

坑道では、時に全く役に立たない鉱物が見つかることがある。

何らかの金属の鉱石であることは確かなのだが、なにをどうやっても金属にならないのだ。

これは、コボルトが鉱夫を困らせるために魔法をかけた鉱石[1]だといわれている。

1　この役に立たないと思われた鉱石は、後世になって未知の金属の鉱石であることが判明した。この原子番号27番の金属元素は、コボルトにちなんでコバルトと名付けられた。

005 ゾンビ

ZOMBIE

「ゾンビ」＝「腐った死体」ではなかった

腐りかけた肉体を引きずるように歩き、人を食い殺そうと追いかけてくる「ゾンビ」。

ヴードゥーの呪いといわれる恐ろしい怪物だが、その歴史は大変浅い。

ゾンビは、ハイチに伝わるヴードゥー教の司祭によって作られた生ける死者である。

そもそも、ヴードゥー教とは、アフリカから奴隷として連れてこられた黒人たちが生み出した教えだ。その教えにはそれぞれ故郷の教えや白人たちのキリスト教など、たくさんの教えが習合されている。

その**ヴードゥー教には、「ゾンビ生成」という秘儀が存在する。**

人間をゾンビにする祭儀を行うのは、ボコール[1]である。ボコールは、普通の人間に「ゾンビパウダー」という秘薬を飲ませる。

飲まされた人間は意識を失ってしまい、この半ば死んだ状態にある人間に儀式を行って、ゾンビにする。

ただし、ヴードゥー教の伝統的ゾンビは、我々のよく知る腐った死体のゾンビではない。**ヴードゥー教の力で蘇ったゾンビは生きている。**

だから腐敗もしないし、外見的には普通の人間のままだ。それどころか、食事も睡眠も普通にする。

自らの意志は失っており、ボコールの命令のまま動く。

つまり意志と個性を失った、生きたロボットのようなものだ。

しかしボコールはあくまでも神官であり、勝手にゾンビを作るわけではない。

基本的には邪悪な人間、罪を犯した人間の贖罪（しょくざい）としてゾンビにする。ゾンビなら、悪事を行わないし、命令すれば文句を言わずに労働する。貧しいハイチでは罪人であっても、労働力を失うわけにはいかないからだ。

映画によって「腐った死体」というイメージができあがる

一方で、我々のよく知るゾンビは、以下の３つの特徴を持っている。

①腐った死体が動いている。

②人間を食い殺そうと襲ってくる。

③ゾンビに咬（か）まれると、ゾンビになる。

このようなゾンビは、何と映画が原典だ。

ゾンビ映画の巨匠ジョージ・ロメロが1968年に撮った『ナイト・オブ・ザ・リビングデッド』こそが、この３つの特徴を持った怪物が暴れ回る最初の映画だ。ただし、この映画で出てくる怪物は「リビング・デッド」であり、ゾンビではない。この怪物がゾンビと呼ばれるのは、同じロメロ監督の『ゾンビ』（1978）が最初だ。

腐った死体の姿のゾンビが登場するのは、テーブルトークRPG『ダンジョンズ＆ドラゴンズ』が最初だ。ただ、このゾンビは咬まれても感染しない。

ゾンビの登場する映画は、1930年代から多数あるが、ヴードゥー教のゾンビだったり、死体ではあるが腐っていなかったりと、現在のゾンビ映画のゾンビとは色々と異なっており、映画ゾンビの直接の先祖とはいえない。

1　ヴードゥー教の司祭のうち、ゾンビの術のような恐ろしい魔術を使う司祭のことをいう。男司祭はオウンガン、女司祭はマンボという。

006

スケルトン

Skeleton

元は、人に死を忘れさせないための存在だった「動く骸骨」

白い骸骨（がいこつ）がカタカタと音をたてながら襲ってくる姿は、不気味なものだ。

「メメント・モリ」というラテン語の古い警句がある。「死を忘れるな」という意味で、本来は「だから今日を楽しめ」という意図が込められていた。

だが、キリスト教的道徳に染まったヨーロッパでは、「現世の楽しみは所詮（しょせん）空しい」という解釈へと変わってしまった。

そして人々に死を印象づけるために、骸骨が舞う『死の舞踏』と呼ばれる絵画が大量に描かれた。

「死」というものを、「動く骸骨」で擬人化したのだ。

そこから派生して、デス（死）もしくはグリム・リーパー（死の天使）と呼ばれる、ボロ布をまとった大鎌を持った死の遣（つか）いが一般化した。

ちなみに、キリスト教圏では、死神がいてはならない。それは異端の考えである。

なぜなら、キリスト教には神は一柱しかいないからだ。

だが、聖書には神とは別に死をもたらすものも登場する。それは、神でも人間でもあり得ないので、天使と見なされることになった。

しかも、アンデッドではなかった

中世まで、骸骨の姿をしたものは死そのものだったり死の遣いだったりと、人間には抗(あらが)うことのできない理不尽なものだった。

では、普通に人間が戦って勝利できる怪物としての「スケルトン」は、いつ現れたのだろうか。

実は、20世紀になってからなのだ。

レイ・ハリーハウゼン監督が1958年に撮った映画『シンドバッド七回目の冒険』に、モデルダイナメーション[1]で撮影された骸骨戦士が登場する。

筋肉などない骸骨が、素早く動いて剣で攻撃してくるというシーンは、よほど印象的だったのだろう。

ハリーハウゼンの骸骨戦士と、古くから存在していた死やグリム・リーパーなどのイメージが合成され、死霊としてのスケルトンが生みだされた。

1　可動人形を1コマずつ動かして撮影する撮影手法。俳優の演技をスクリーンに投影し、それに合わせて7体の骸骨戦士がチャンバラをするように動かされた。

007

ハルピュイア

HARPY

神々を親に持つ高貴な血統の精霊が、なぜ怪物になったのか？

ギリシア神話には様々な異形の生物が登場するが、「ハルピュイア」（ハーピー）も、その一つだ。

その姿は、顔だけが女性の鳥だとも、顔や体つきが人間の女性に近い鳥だともいわれる。ヒュギーヌスの『ギリシャ神話集』によると、頭は鶏、翼を持ち、人間の腕に巨大な爪、鶏の脚、人間の乳房、人間の尻を持つ生き物だとあり、現在のイメージとはだいぶ異なる。

いずれにせよ翼を持つ女怪物で、空を飛ぶ。脚には鳥の爪があり、それで戦うこともできるが、あまり強くはない。

ヘシオドスの『神統記』によれば、ハルピュイアの姉妹アエロ（速い風）とオキュペテ（速く飛ぶ女）は、右ページの図のような系譜を持っている。

つまり**神の血を引く素晴らしい血統なのだ。**髪豊かな彼女たちは、風か大気の精霊ともいうべき、高位の存在だ。

アポロドーロスの『ギリシア神話』で下等なモンスターに

一方アポロドーロスの『ギリシア神話』のハルピュイアは、その系譜はヘシオドスと同じであるにもかかわらず、ずっと下品な怪物として描かれている。

ある時、予言者ピーネウスは、ポセイドンの怒りをかって盲目にされた。

しかし、神の怒りはまだとけず、ピーネウスのもとへハルピュイアを送った。ハルピュイアはピーネウスが食事をしようとすると、空から飛び降りて来て、食事のほとんどをさらっていってしまう。

無事残った食事さえも、糞尿(ふんにょう)で酷(ひど)い臭気のために食べることができない。

困り果てたピーネウスは、折良く予言を求めてきたアルゴナウタイ（アルゴ号に乗って黄金の羊の毛皮を求めて旅立った人々）に、ハルピュイアから救ってくれるよう求めた。

そこで、アルゴナウタイのメンバーであり、翼を持つ、北風の神バアレアースの息子カライスとゼーテースが、剣を抜いて空を飛んでハルピュイアに襲いかかり退治する。

恐れて逃げ出したハルピュイアの中には河に落ちたり、疲れて墜落したりしたものもいたという。

ただ、カライスたちに捕まって、二度とピーネウスの邪魔をしないと誓うことで見逃してもらった、という説もある。

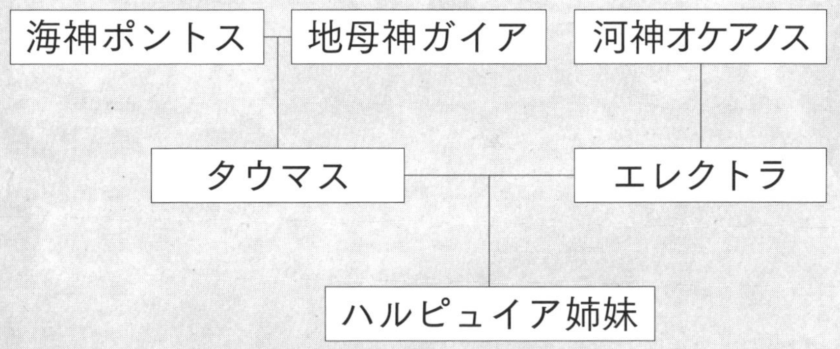

008
アルプ
ALP

女性の夢に忍び込んで、精気を吸い取る悪魔

「アルプ」は、ゲルマン民族に伝わる精霊だ。アルプは、紀元1000年より前の古高地ドイツ語で、エルフなどと同根の言葉だといわれている。

その姿は獣の混じった人型で、男しかいない。妖精というよりも、夢魔と吸血鬼の中間のような能力を持つ。

変身能力を持ち、猫や豚、犬、蛇、鳥、蝶(ちょう)などに化けることができる。その変身能力を使って人間に近づき、**女性の夢に入って悪夢を見せ、女性の精気を吸う。**

また邪眼を持っており、にらんだ相手を病気や不幸にする。

タルンカッペ（身隠しの帽子）という名の、かぶると透明になれる帽子を持っていて、普段はその帽子の力で姿を隠している。

だが腕っぷしは弱いため、人間と戦いになることを避け、見つかったらすぐに逃げてしまう。

中世の頃は、キリスト教の影響によって、人々を不眠症や病気にする悪魔と考えられていた。

しかし、近世に入ると、先に紹介したように、夜、女性の夢に入り込んで、悪夢[1]を見せる魔物となった。

これを、アルプドラック（アルプの圧迫）という。なぜ圧迫と名付けられたのか。アルプは眠っている女性の胸の上に座り込み、重みで呼吸を妨げる。

だがアルプが座っている限り、彼女は目覚めることができない。現在でいう、睡眠麻痺[2]や睡眠時無呼吸症候群、夜驚症（やきょうしょう）[3]などが、アルプの圧迫によるものだとされた。

ヨハン・ハインリヒ・フュースリーの描く『夢魔』（下の絵）は、この眠っている女性の上に座り込むアルプの姿を描いている。

アルプは、吸血鬼に似た性質を持つという話もある。

男性や子どもの乳首に吸い付いて、血を吸うのだ。

ただし、犠牲者が女性の場合、乳首に吸い付くまでは同じだが、そこから母乳を吸うのだという。アルプはデーモンの一種といわれているが、人間がアルプになることもある。

母親が馬の首輪に齧（かじ）り付くと、その母親の子はアルプになるという。

他にも、生まれた時に羊膜（ようまく）と一緒に出てきた子や、手に髪の毛を握っていた子がアルプになるともいう。また、動物に驚かされた妊婦はアルプを生むという説もある。

要するに、通常とは違う生まれをした子どもは、通常の子どもではないという考えから、アルプになると考えられるようになったのだ。

1　ドイツ語では、アルプトラウムという。
2　いわゆる、金縛りのこと。
3　睡眠中に突然起き出して、恐怖で叫び声を上げる。脳の睡眠を司る中枢が未熟な幼児がかかるもので、大人になると勝手に治る。

009 インプ

Imp

魔女の使い魔であり、魔女の乳首から血を吸って生きる

「インプ」は、10㎝～幼児くらいの大きさしかない、やせ細った醜い小人だ。

赤茶色から灰色のなめした皮のような皮膚を持ち、コウモリの羽根が生えているものや、角が生えているものなど、その姿には様々なバリエーションがある。

しかめ面のようなニヤニヤ笑いのような歪んだ顔をしていて、耳が頭の天辺から飛び出ている。

インプは質の悪い悪戯、ともすると人の命を奪いかねない酷い悪行をよくする。

揺りかごの赤ん坊をこっそり入れ替えたり、道を歩いている人を迷わせて荒野に引きずり込んだりする。しかし、頭はあまり良くない。

魔法の力も持ってはいるが、動物などに変身したり、ちょっとした火種を作ったりするくらいで、大きな魔法は使えない。だがその質の悪さを考えると、放火くらいなら喜々としてやりかねない。

中世に入ると、インプは魔女の使い魔となっている下級の悪魔と考えられるようになった。

魔女には、魔女の印という、デキモノか乳首のような突起があって、そこには痛覚がない[1]。インプはここから少量の血を吸って生きている。

普段は、黒猫やネズミ、虫やヒキガエルや蛇などに化けている。

だが魔女に命じられると、元の姿に戻って人を病気にしたり、家畜を死なせたり、保存食を腐らせたりする。

しかし実際の魔女は、キリスト教よりも古い地母神の巫女（みこ）の末裔であった。

そんな神聖な魔女の使い魔が悪魔であろうはずがない。いたとしても、それは悪魔ではなく妖精か精霊だ。だが魔女ですらない孤独な女性がペットとして飼っている猫などが、インプが化けたものだとされ、魔女狩りの被害者を増やした。これらはキリスト教徒の邪推によって引き起こされたものだ。

インプの装身具を守り神として身につけると物をなくさない

インプを主役にした民話は、各地に存在する。

その一つに、イギリスのリンカン市の２匹のインプがある。２匹のインプが、リンカン市に災いを起こすためサタンによって送り込まれた。

そして大聖堂で暴れようとした時、説教台の聖書から天使が現れて、止めよと命じた。

１匹は天使に石を投げようとして、そのままの姿で石に変えられた。

もう１匹は、恐れてテーブルの陰に隠れたので、天使は逃がしてやった。それを感謝したのか、**リンカン市では、インプの姿をした小さな装身具を身につけていると、物をなくさないですむのだという。**

1　このため、魔女を見わけるために、針で魔女の印とおぼしきところを突き刺すという判定法があった。中には、引っ込む針を使って無実の人間を魔女に仕立てて、その財産を奪うという邪悪な魔女狩りもあった。

010

グレムリン

GREMLIN

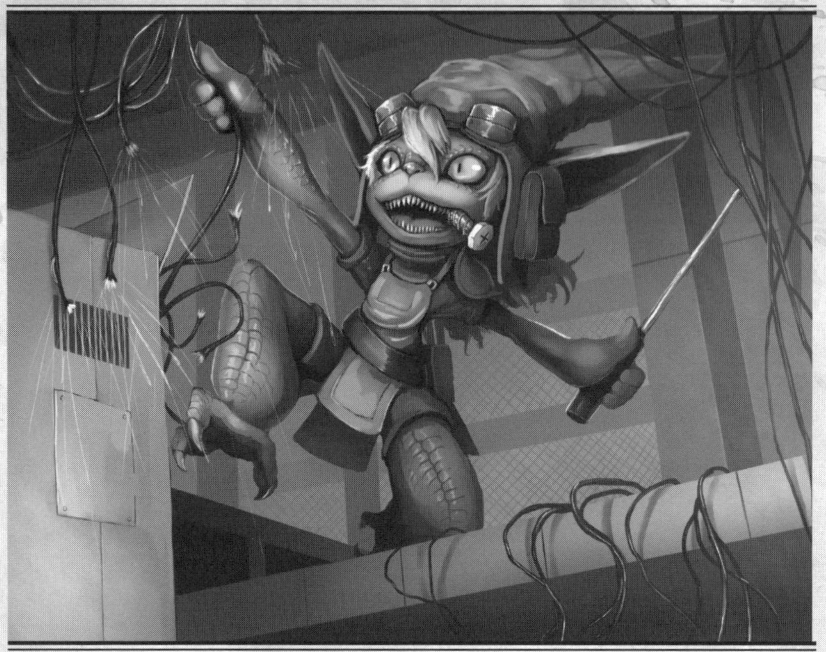

機械に悪戯する、飛行機が大好きな妖精

民間伝承には数々の妖精や魔物が登場するが、そのうちのほとんどは数百年の歴史を持つ古い存在だ。

ところが、民間伝承でありながら、20世紀になって発生したといわれている妖精がいる。「グレムリン」だ。

なぜごく最近になって発見されたのか。それは**グレムリンが機械に悪戯する妖精だからである。**

グレムリンも、他の妖精と同じく小人だ。身長は15〜60cmくらいで、頭に小さな角が生えている。

グレムリンの始まりは、第二次世界大戦前夜の、イギリスの王室空軍パイロットの間で広まった噂にあった。

当時、機器をきちんと整備しているはずなのに、なぜかうまく動かないことがあった。

しかし、何度見ても異常なところが発見できない。

そこで、これは、妖精の悪戯ではないだろうか、という噂がパイロットの間で広まった。**その悪戯妖精こそが、グレムリンだった。**

グレムリンの名前が載っている最初の文献は、なんと英国空軍のマルタ島部隊の隊内誌『エアロプレーン』の1929年4月10日号だ。

これは、グレムリンが20世紀生まれの妖精であったことの証明ともいえる。

その後、グレムリンは、飛行機以外の機械にも興味を広げ、悪戯するようになった。原因不明の機械の不調に、**グレムリン効果という名前が付くほど一般化していった。**

ただ、グレムリンは確かに機械を不調にするが、致命的案件は起こさない。逆に、ヒヤリハット案件を起こすことで、致命的インシデントの発生を防いでくれているのだという説もある。

人間の発明にアイデアを貸すが感謝されないとひねくれることも

グレムリンの名を空軍の外に知らしめたのは、イギリスの作家ロアルド・ダールがディズニーから発行した絵本『The Gremlins』(1943)だ。

これはバトル・オブ・ブリテンで戦う戦闘機パイロット、ガスの物語だ。

ガスは、彼の愛機に乗っていた。

飛行中にふと右手を見ると、翼の上に15㎝ほどの小人がいる。しかもドリルで翼に穴を開けているのだ。慌てて翼を振って背面飛行をしても、吸い付いたように小人の足は翼を離れない。これがグレムリンだ。

グレムリンの出自には、様々な説がある。

元々は高山に住む妖精だったのが、上空を飛ぶ飛行機に興味を引かれて機械の妖精へと変わったという説。

それからノームなどの類縁で、**元は人間に発明のアイデアを閃かせてくれたりしたのだが、人間がちっとも感謝しないので次第に発明品がうまく動かないようにし始めたという説などがある。**

011

ウィル・オ・ザ・ウィスプ

WILL-O'-THE-WISP

愚か者を騙して殺す「愚者の火」

暗闇の中に、遠くかすかにともる灯り。人家だ、助かったと思い、追いかける。底なし沼などに誘い込む妖魔の灯りだとも知らずに。それが「ウィル・オ・ザ・ウィスプ」だ。「愚者の火」ともいわれ、その名の通り愚か者を騙して殺す火だ。戦う力などはないが、人を惑わせて、最終的に死に至らしめるような罠を張る。

同様の怪しの火は、世界中に存在する。例えばイギリスでは、ジャック・オ・ランタン（ランタンのジャック）、ピクシー・ライト（ピクシーの灯り）、ザ・ランタン・マン（ランタン男）、キット・イン・ザ・キャンドルスティック（燭台(しょくだい)の中のキット）など、多数の名前がある。

フランスでも、フランボー（鬼火）、フュー・フォウ（迷い火）などがある。ヨーロッパ以外でも、インドではチル・バッティという幽霊の炎があるし、タイにはバン・ファイ・パヤー・ナークというメコン河に浮かぶ火の玉がある。もちろん、日本には人魂や狐火がある。

このような怪しの火は、妖精が生み出したという説と死霊が生み出したという説の二通りある。そこからさらに、その妖精や死霊自体が光っているという説と、妖精や死霊が灯りを持っているという説にわかれる。

	それ自体が光る	灯りを持っている
妖精		ピクシー・ライト ホブ・ランタン
死霊	人魂 チル・バッティ	ウィル・オ・ザ・ウィスプ ジャック・オ・ランタン

ジャック・オ・ランタンは、こうしてカボチャのお化けとなった

ウィル・オ・ザ・ウィスプには、「たいまつのウィル」といった意味がある。昔、ウィリアムという悪たれがいた。その悪行の果てに殺害されたウィリアムは、天国の入り口で聖ペテロ[1]に地獄行きを言い渡されそうになったが、言葉巧みにごまかして、もう一度人生をやり直す機会をもらった。

だが、新しい人生でもウィリアムは悪人のままだった。再び死んで天国の入り口に来た時、ウィリアムはペテロに、お前はもはや天国どころか地獄にすら居場所がないと言われてしまった。

その後地上を永遠にさまよい続ける運命となったウィリアムを哀れんだ悪魔が、地獄の業火を燃やす石炭の一欠片を灯りとして与えた。ウィリアムはこの灯りを持って、今もさまよい続けているのだという。

ちなみに、ジャック・オ・ランタンは、ハロウィーンの主役の１人のカボチャの頭の怪物だ。けれど、本来のジャック・オ・ランタンは、スコットランドの化け物で、くりぬいたカブの中に灯りをいれて持ち歩いているジャックという名の死霊だ。それが、**伝承の発祥の地であるスコットランドからアメリカに伝わった際に、なぜかカボチャに変わってしまい、さらにはカボチャそのものが化け物になってしまった。**今では、イギリスでも逆輸入されてカボチャのランタンが主流になってしまっている。

1　キリスト教では、天国の入り口には聖ペテロがいて、天国に入れる人間とそうでない人間を振りわけているといわれている。

012

ウォーター・リーパー

WATER LEAPER

水中から飛び出して水辺の生き物に襲いかかる

水辺にたたずむ人に、水中から飛び出して襲いかかる脅威。

それが、「ウォーター・リーパー」だ。

元々は、ウェールズ[1]の妖精で、サムヒギン・ア・ドゥール（水を跳ね渡るもの）という。

それが英語に訳されてウォーター・リーパーといわれるようになった。

その姿は、手足のないヒキガエルに前足の代わりに、トビウオのヒレかコウモリの羽根のような大きなヒレを足したようだ。

尻尾はトカゲのそれに似ていて、先は尖った針のようになっている。

このヒレと尻尾で、水面を叩いて飛び上がる。

空を飛ぶことはできないが、ヒレを翼のように使って滑空することはできる。

そして、この技を使って、水辺の生き物に襲いかかるのだ。大きさは、子犬くらいから牛ほどもあるという説まで様々だ。

おぞましい金切り声を発して、水中に落ちた人間を食らう

ウォーター・リーパーは、妖精とは思えないような醜い姿をしているが、その心も姿同様、醜い。

漁師の釣り糸を切ったり、水辺に来た家畜を水中に引きずり込んで食ってしまったりするのはまだマシな方だ。

酷い時には、人間を水中に引きずり込んで食ってしまう。

地上にいる間はそうそう負けることもあるまいが、油断は禁物だ。

小さなウォーター・リーパーでも滑空して衝突されると、体勢を崩して水中に落ちてしまう。

一度水中戦に持ち込まれてしまうと、ウォーター・リーパーの方がはるかに動きも素早く、有利だ。

さらにウォーター・リーパーはおぞましい金切り声をあげることができる。

この声を聞いたものは、よくて金縛り、悪いとショックのあまり気絶したり死んでしまったりする。

ウォーター・リーパーは、この金切り声で水辺に来た動物（家畜なども含む）や漁師を水中に落として、むさぼり食うのだという。

1　グレートブリテン島の中西部地方。

013

チョンチョン

Chonchon

マプチェ族の妖術師が大きな耳をした人の頭に変身

南米、チリからアルゼンチン南部に住む先住民族マプチェ族に伝わる化け物で、他に類を見ない特異な姿から、世界中に知られるようになった。

その特徴は、人間の頭だけに生えた大きな耳だ。耳の大きさは、片方だけで頭より大きい。耳には蹴爪がある。

そして、その耳を羽ばたかせて、空を飛ぶのだ。一説には、人間の首の下に小さな鳥の胴体が付いているというものもある。

人間の首が抜けて空を飛ぶ怪物なら、中国の飛頭蛮や日本の抜け首のような例もあるが、耳が大きくなって翼になっているのは類例がない。

実は、「チョンチョン」はモンスターではない。

カルクというマプチェ族の妖術師[1]が、魔法によって変身したものだ。新月の夜、カルクは自分の首の周りに秘薬を塗る。

そして、両手で自分の頭を持って取り外すのだ。すると、耳が大きくなってチョンチョンの姿になる。首を取り外すのではなく、胴体が縮んで小さな鳥の胴体になるという説もある。

目に見えないチョンチョンを簡単に倒す方法

チョンチョンは妖術師が変化したものなので、妖術も使うことができる。

また、チョンチョンの姿は普通の人には見ることができない。

チョンチョンを見ることができるのは、妖術師だけだ。

ただ、一般人でも、その羽音や鳴き声は誰でも聞くことができる。

また、「チュエチュエチュエ」という鳴き声をたてる。この鳴き声から、チョンチョンの名が付いたとされる。

チョンチョンは姿が見えないため、倒すことは大変難しい。

それでも方法はある。ソロモンの六芒星(ろくぼうせい)を地面に描いて、その上にベストを特殊な広げ方をして置く。

そして12語からなる秘密の呪文を二度唱えると、チョンチョンは姿を現わすだけでなく、飛行能力を失って落下する。

そして、他のチョンチョンが助けに来るまでは、地面でもがくことしかできない。この状態のチョンチョンなら、誰でも簡単に倒すことができる。

だがチョンチョンが、単なる動物ではなく、邪悪な妖術師が変身したものだということを忘れてはならない。

倒すのに失敗すると、罠を仕掛けた人間に必ず復讐しようとしてくる。そのため遊び半分で先に紹介した儀式などを行ってはならない。

1　マプチェ族の妖術師では、ウェクフェ(マプチェ族に伝わる邪霊)の力を使って、邪悪な魔法を使うという。逆に、治癒などの善なる魔法を使う術士(女性が多い)をマチという。

014
ケルピー
KELPIE

乗った者を水中で溺れさせてサタンに魂を売り渡す

スコットランドの伝承に登場する、水辺と水中を棲み処とする邪悪な精霊、それが「ケルピー」だ。

スコットランドのあらゆる水辺、川、湖などに棲んでいるといわれているが、特にネス湖に多く棲むという。

馬の姿をしていて、その毛も黒から灰色や茶色といったごく普通の馬と同じ色で、毛並みも良い。ただし、その皮膚は緑色の湿疹(しっしん)に覆われている。

ケルピーは川の近くの平原などに現れる。それを見つけた旅人がこれ幸いとその背中に乗ったところで、突然走り出して水中へと飛び込んでしまう。泳げない人間[1]は、そのまま溺れ死んでしまうのだ。

ケルピーは、悪魔であるという説もある。悪魔としてのケルピーは、**人を**

溺れさせた上で、その魂をサタンに売り渡す。そして残った死骸を食うのだという。

ただケルピーは、自分から人間に触れることができない。

そこで、野生馬か逃げ出した馬のふりをして、人間が捕まえようと寄ってくるのを待ち構えている。

うまく騙して背に乗せてしまえば、あとは水に飛び込むだけだ。

それだけではない。ケルピーは変身能力を持つといわれている。人間にも変身できるが、その場合、男に変身するともいわれている。

ただ、ケルピーの伝承の中には、水辺でたたずむ美女に変身して、水遊びをするというものもある。もちろん、人間を水中に引き込むための罠だ。

イギリスのヴィクトリア朝時代の絵画には、そのように美女として描かれたケルピーの絵がいくつもある。

ケルピーを意のままに操る唯一の方法とは？

しかし、ケルピーは強力な馬なので、うまく捕らえて働かせれば、通常の馬とは比べものにならないほどの働きを見せる。

ある男が、ケルピーが馬のふりをしているのに気づいた。

そこで、騙されたふりをして、剣を持ったままケルピーにまたがり、その鼻っ柱を剣の横腹でぶっ叩いた。その時、馬勒[2]の紐が切れた。男は何気なくその紐を拾ってポケットに入れた。

すると不思議なことに、ケルピーはいきなりおとなしくなり、「ご主人様、何をいたしましょうか？」と聞いてきたのだ。

なんと馬勒の紐をポケットに入れるという行為こそが、ケルピーを従わせる唯一の方法だったのだ。

男は紐を持っている限り、ケルピーの主人でいられることがわかった。ケルピーは、紐を返してくれるよう頼んできたが、男は賢明にも返さなかった。そして、家に連れて帰ると、妻に紐を与えた。

こうして、夫婦はケルピーを乗馬として扱うことができるようになったのだ。

1　中世の頃は、漁師であるとか、そういう特別な職業でない限り、ほとんどの人は泳げなかった。
2　馬のくつわ（口に咬ませる金属製の棒）、手綱（馬を操作するための紐）、面繋（くつわや手綱を取り付ける革紐）などのセット。

015

サテュロス

SATYR

悪魔的なまでに好色な半人半獣の妖精

ギリシア神話に登場する半人半獣の妖精が「サテュロス」だ。

酒神ディオニソスの宴でマイナス（ディオニソスを信奉する女性）たちと共にいる男性の妖精で、**酒飲みかつ好色かつ悪戯好きなことで有名だ。**

また、**美女だけでなく、美少年もいけるらしい。**

ギリシア神話では、馬の尻尾に、馬の尖った耳のある人間だ。

ところが、ローマ神話になると、山羊の下半身に、上半身は人間だが、山羊の耳と角があり、立派なあごひげを生やしている。

さらに、中世以降の絵画では、下半身が人間のままのサテュロスが描かれていることもある。

キリスト教では、サテュロスは悪魔の一種とされている。例えば『新約聖

書』イザヤ書では、バビロンの説明に、

かえって、ハイエナがそこに伏し／家々にはみみずくが群がり／駝鳥が住み、山羊の魔神が踊る

とある。

好色なサテュロスは、キリスト教的には悪魔と考えられたのだろう。

それどころか、中世以降の悪魔たちが山羊の角や脚などを持っているのも、ローマ神話のサテュロスの影響だと考えられている。

ギリシア神話の牧羊の神パーンに姿がよく似ているので、混同されることも多いが、パーンは神で一柱であり、サテュロスは種族で何人もいるところが違う。

もちろん、その力にも差がある。一方、豊穣の化身とされているなど、似ている部分も多い。

好色なサテュロスのお気に入りは、美しいニンフ

好色なサテュロスだが、特に好むのが美しいニンフたちだ。

しばしば、ニンフたちの尻を追いかけているサテュロスの姿が描かれる。

ルネサンス以降は、ベビーサテュロスという、幼児から少年くらいまでの姿のサテュロスが多数絵画に描かれるようになった。

それどころか、本来存在しないはずの、女性のサテュロスまで登場するようになった。

016
ジャバウォック
JABBERWOCK

『鏡の国のアリス』の「詩」に登場する空飛ぶドラゴン

細身の空飛ぶドラゴン、それが「ジャバウォック」だ。

ただし、ジャバウォックについて、いかなる神話も伝承も語ってくれない。

それも当然で、**ジャバウォックは、ルイス・キャロルの『鏡の国のアリス』（1871）でうたわれる詩『ジャバウォックの詩』に登場する、完全に架空の怪物だからだ。**

間違えないでもらいたいのだが、『鏡の国のアリス』にはジャバウォックは登場しない。**『鏡の国のアリス』の中に出てくる詩に登場する怪物なのだ。**『ジャバウォックの詩』は、鏡文字で書かれている。その内容はとてもナンセンスで、英語とキャロルが作り出した造語で書かれている。

『わが子よ、ジャバーウォックに油断するなかれ！／食らいつくその顎、かきむしるその爪！』

らんらんたるその眼燃やしたるジャバーウォック、／おぐらてしき森の奥より、飄飄と風切り飛びきたり、／ぶーぶくぶくとうなやきけり

ドラゴンなのに、なぜチョッキを着ているのか!?

その姿形について、詩はほとんど語ってくれないが、『鏡の国のアリス』初版に描かれたジョン・テニエルの挿絵（下の絵）の姿が、正統なジャバウォックの姿だと考えられている。

触手の生えた顔に、細身の空飛ぶ龍だが、なぜか人間と同じようにチョッキを着ているところなどユーモラスな部分もある。

017

マンドラゴラ

MANDRAGORA

魔女や錬金術師のための薬草が、なぜモンスターになったのか？

正確には、「マンドラゴラ」（マンドレークともいう）は怪物ではない。

錬金術師や魔女が薬を作るために、採取する薬草の一種だ。日本語では「恋なすび」といわれることもある。

では、そんな薬草がなぜ怪物扱いされるのか。

マンドラゴラは、地面の上から見える限りは、単なる草と変わらない。

だが根の部分は、ちょっと見には人間のように見える。足が２本あって、手に相当する部分もあり、頭に相当する部分には目や口もある。

さらに、**十分に育ったマンドラゴラは、地面から出てきて、自力で歩いて移動することがある。**

そして何事もなかったかのように、また土に自力で植わる。その意味では、ただの植物ではないといえよう。

マンドラゴラを引き抜こうとする者に訪れる、世にも恐ろしい不幸

マンドラゴラは、錬金術や魔術において、精力剤・毒薬、さらには不老不死の薬の原料になるといわれている。そのため、マンドラゴラの根を求める魔術師・錬金術師は数多い。

しかし、マンドラゴラを採取するのは簡単ではない。

何より地面から引き抜かれたマンドラゴラは、とんでもない悲鳴を上げるのだ。そして、引き抜いた者は、その悲鳴で命を失ったり、正気を失ったりするという。

そこで、考えられたのが、犬を使ってマンドラゴラを採集する方法だ。

まずマンドラゴラの周囲の土を取り除いて、抜けやすくしておく。

犬の首輪と、マンドラゴラの葉の根本を紐でくくる。

飼い主が遠くから犬を呼ぶ。もちろん、飼い主は耳を塞(ふさ)いでおく。

呼ばれた犬は飼い主のところまで走ってこようとするが、その時に引っ張られたマンドラゴラが地面から抜けて悲鳴を上げる。

犬はマンドラゴラの悲鳴で死んでしまうが、遠くで耳を塞いでいた飼い主は、無事マンドラゴラを手に入れることができる。

いったん地面から抜けたマンドラゴラは、手にしても危険はない。

犬１匹と貴重なマンドラゴラならば、マンドラゴラの方が上だということなのだろう。

実は、**マンドラゴラという植物は実在する。**根が幾股にもわかれているため、時にはその形が人間の手足のように見える。

そして、アルカロイド系薬物を多く含んでおり、食べると死にいたる毒物でもある。

ただ、死なない程度の少量を摂取した時には、幻覚作用や鎮痛効果がある。

幻想生物のマンドラゴラのかなりの部分は、実在のマンドラゴラの特徴そのものだ。

さすがに、引き抜かれた時に悲鳴を上げたりはしないが。

018 鬼
ONI

元々は「幽霊」を意味する言葉だった「鬼」

「鬼」は、日本の怪異譚における定番中の定番モンスターだ。

その姿は、赤や青、時には黒い皮膚で、頭には１～２本の角があり、口には大きな牙が生えている。虎の皮のふんどしに、鉄棒を持った有名な鬼の姿は、江戸時代には既にできあがっていた。

だが、その実体を知るものは少ない。

もっと古い時代には、「鬼」は、様々な異常な者を表す総称だった。

例えば、異常に醜い者、辺境に住む野蛮な者、奇妙に見える異邦人、犯罪者、単に異常に強い者、超自然的な恐ろしいものなど、すべて「鬼」といわれていた。

平安時代の「百鬼夜行（ひゃっきやこう）」絵巻などに出てくる鬼には、現代のいわゆるオニはおらず、様々な姿の化け物たち・妖怪たちが列をなしている。

日本の鬼の原型について、折口信夫[1]は「おに」は「大人」説として、巨人であるという説を唱えていた。

また、近藤喜博[2]は自然の脅威が鬼を産んだと唱えるが、これは古く『万葉集』などで「鬼」を「モノ[3]」と呼ばせることなどとも関係しているのだろう。

中国においては、漢字の「鬼(き)」は、元々は「幽霊」を意味する言葉だった。人間には魂魄(こんぱく)というものがあり、死ぬと魂は天上界へ行き、魄は鬼となって地下の冥界へ行く。だが、自殺したとか恨みを残して死んだとかで、魄が地上に残ったものが「鬼」だ。

その「鬼」が日本に伝わった時に、「隠(おぬ)」という「隠れているもの」という言葉と結びついて、できあがったと考えられている。

幽霊だけではなく、普段は隠れて見えないもの、つまり化け物や妖怪などを意味する言葉になっていった。

鬼を退治したことで源氏相伝の名剣となった2つの刀

鬼退治で、日本最古の有名人と言えば、渡辺綱だ。

大江山の酒呑童子(しゅてんどうじ)という名の鬼を退治したり、京都一条戻橋で鬼の腕を切り落としたことで知られる。

ちなみに、このとき腕を切ったのは、主君の源頼光から借りた「髭切(ひげきり)の太刀(たち)」だ。

「鬼丸の太刀」と並ぶ源氏相伝の名剣の１つだ。

現在ではこの２本は同一の刀とされ、京都北野天満宮に保管されている。

1　折口信夫(1887-1953)は、日本の民俗学者にして歌人。柳田國男の弟子としても有名。日本民俗学の祖。
2　近藤喜博(1911-1997)は、日本の民俗学者。神道の研究、特に稲荷神社の研究などを行った。
3　「モノ」とは、口に出せないような超自然の恐ろしい力のことをいう。

019

野狗子

YAKUSHI

人間の脳みそを食らうおぞましいモンスター

「野狗子（やくし）」は、中国の怪異小説『聊斎志異（りゅうさいしい）』に登場する怪物で、人の脳を食べる。

その姿は、首から下は人、首から上は獣だ。野狗（やく）は野犬のことなので、首から上は犬だったと考えられている。

人の脳ならば、生きている人からでも死体からでも、区別せずに食べる。ただ、死体だと楽に食べることができるため、**死体がたくさんある戦場跡などに出没することが多い。**

野狗子にとっては、大量の餌が転がっている餌場なのだろう。

戦場跡に現れるだけでなく、戦争の予兆を示す存在

『聊斎志異』では野狗子は、以下のように紹介されている。

清の時代に発生した于七（うしち）の乱（1661）で、李化竜は反乱軍として戦ったが、敗れてしまう。

そして逃げている時、清の近衛の大軍に出会った。李は見つからないように、地面に転がっている死体のふりをしてやり過ごした。

そうして事態が落ち着くまでじっとしていると、なんとあちこちを切られた死体が動き出した。その中に、首を切られてわずかにつながっている男の死体があった。

彼は「野狗子が来た、どうしよう？」とつぶやいた。

すると、他の死体たちも「どうしよう？」と声を重ねて言い出すが、やがて、ばたばた倒れて動かなくなってしまった。

李は恐くなって起き上がろうとした。その時だ。

なにやら奇妙な生き物を李の目が捉えた。身体は人間で、頭は獣の姿。

そして、かがみ込んでは死体の脳みそを啜（すす）っている。

李は気付かれないように、死体の山の下に自分の首を必死で隠した。

だが、化け物は目ざとく李に気がつくと、李が隠れている屍を恐ろしい力で引き剝（は）がしにかかった。力一杯李は死体を握っていたが、ついに李の姿は明るみに出てしまう。

そして怪物が李の頭をかじろうとしたその瞬間、李はがばっと起き上がって石を掴むと、怪物の顔を殴った。幸いなことに石は怪物の口に当たり、怪物は悲鳴をあげて逃げていった。

怪物が残した血痕のあとを追うと、血だまりに歯が2本見つかった。歯は、湾曲（わんきょく）して先が尖って、長さは四寸（12cm）ほどもあった。李は歯を持ち帰り、人に見せたが、誰もなんの牙なのかわからなかったという。

ただ地方によっては、野狗子は脳ではなく心臓を食らうともいう。

また、**戦場跡に現れて死体を食うのではなく、野狗子が現れるのは、戦争の前兆だという説もある。**

020

キョンシー

JIANGSHI

人間や家畜の血を吸うが、血がなくなると動けなくなる

「殭屍（キョンシー）」は、「跳屍」ともいう中国の妖怪だ。明や清の時代に民間伝承として広まったもので、一度死んで硬直状態になった死体が魔術によって復活したものだ。同様の怪物は、ベトナムや韓国などにも存在する。

元々は、死後硬直によって硬くなった死体、そして硬くなる過程で動いたように見える死体に対する恐怖から生まれた化け物だと考えられている。

キョンシーは死後硬直しているが、それ以上は腐敗しない点が西洋のゾンビとは異なっている。ただ身体が固まっているため、普通に歩くことはできず、両手を前に伸ばしたままぴょんぴょん跳びはねて移動する。

キョンシーは太陽の光を恐れ、昼間は棺桶の中か穴蔵・洞窟などに隠れている。**そして夜になると、人間や家畜の血を吸いにやってくる。というのは、**

血液がないと、キョンシーは動けなくなってしまうからだ。

道士が死体を一気に大量に運ぶために、屍に魔法をかけたことが始まり

キョンシーの伝承は、道士[1]が出稼ぎ先で死体を故郷に送り届ける魔法を使ったことから始まったといわれる。**道士一人で何体もの死体を運ぶことはできない。そこで、屍に魔法をかけて死体自体を動かしたのだ。**

ここまで紹介したキョンシーは見た目こそ不気味だが、怪物とは異なる。しかし『聊斎志異』の「尸変（しへん）」では、屍が魔術なしにキョンシーになって人を襲う話が記されている。

雨の中、泊まるところのない4人の旅人がいた。哀れに思った村人が、借家を申し出た。しかし家が狭く、霊安室しか寝床がない。しかもそこには、死んだばかりの息子の嫁の遺体が置かれていた。それでも外よりはましだろうと、4人はその村人の家に泊まることにした。4人のうち3人は疲労のあまり、すぐに寝入ってしまったが、1人は眠りにつけないでいた。

すると、死人の寝台で音がする。旅人が横目で見ると、死んだはずの女が起き上がってこちらに近づいてくる。そして、眠っている旅人のうちの1人の枕元で足を止めると、フゥっと息を吹きかけているのだ。それを残りの2人にもしてしまうと、起きている旅人に近づいてきた。だが、彼は恐怖のあまり夜具で顔を隠していたため、女の息をかわすことができた。

女が元の死者の寝台に戻ると、旅人はすぐさま裸足で逃げ出した。すると、女も寝台を飛び出し、追いかけてきた。息も切れかけた時、4、5尺ばかり（1.2〜1.5m）の太さの木があったので、とっさに木を盾にした。

すると、死者は両腕を伸ばして、木の幹に抱きつくように手探りで両の手を伸ばしてきた。旅人は驚いて倒れてしまったが、死者は木を抱きかかえるようにして動かなくなった。

夜が明けてからよく見てみると、爪が見えなくなるほど深く木に食い込んでいた。泊まった家に帰ってみると、嫁の死骸がなくなった上に、旅人のうち3人も死んでいることが大騒ぎになっていた。4人で故郷に帰ろうとしていたのに、ただ1人生き残った旅人は、おのれの身を嘆いたという。

1　中国の道教の僧侶のこと。男性の道士は乾道（けんどう）、女性の道士は坤道（こんどう）という。ただ、伝承や物語などでは「魔法を使う人」の意味で使われることもある。

021

視肉

SHIROU

いくら食べてもなくならない不老長寿の肉だが、災いをもたらすことも

「視肉（しにく）」は古代中国の博物学書である『山海経（せんがいきょう）』で紹介されている謎の生き物だ。

そして、あちこちでその存在が報告されている。ただし、いずれも中国国内ではなく、国外の辺境の地ばかりだ。

経典名	記述
海外南経	中国の南の狄山（てきざん）に視肉がいる
海外北経	三桑（さんそう）の東、平丘に視肉あり

海外東経	髽丘（さきゅう）に視肉がいる
海内西経	開明獣のいる門の北に視肉がいるとされ、南にも木があってそこに視肉がいる
大荒東経	東北海の外に視肉がいる
大荒南経	赤水の東、蒼梧（そうご）の野に視肉がいる。また驩頭（かんとう）の国、蓋猶（がいゆう）の山、南類の山にも視肉がいる
大荒西経	沃（よく）の野に視肉あり
大荒北経	附禺（ふぐ）の山に視肉あり

視肉は、別名「聚肉（じゅにく）、大歳（たいさい）」などと呼ばれる。手も足もない肉の塊で、眼が2つあるという説や、表面に無数の眼があるという説もあるがはっきりしない。

土の中に埋まっているのが、希に発見されることもある。

最大の特徴は、**肉をちぎっても時間が経てば再び元に戻るという点だ。**

このため、いくら食べてもなくならない永遠に食べられる食料として知られている。食べると良い香りがして、大変美味だと伝えられている。

だが、視肉は地中を移動して災害の起こるところに現れるというから、視肉を見つけるということは凶兆ともいえる。

「肉」と付いているが肉ではなく茸の一種である

視肉は「肉霊芝（にくれいし）」ともいわれ、霊芝[1]と同じ茸（きのこ）の一種とも、粘菌の一種ともいわれている。つまり、肉ではない。

視肉は不老長寿の食事といわれ、神話古代の皇帝は視肉を食べて100才以上生きたといわれている。

現在でも、時折中国国内で、地中や水中からよくわからない肉塊のようなものが発見されて、視肉ではないかといわれることがある。

1　マンネンタケ科の茸。民間漢方において、不老長寿の霊薬として使われる。現在では、大量に栽培されて、健康食品として売られている。

022
縊鬼
YIGUI

毎夜、自分が首を吊った場所に現れる中国の死神

「縊鬼(いき)」は中国の化け物で、日本では、「いつき」とか「くびれおに」という。いずれの国においても、生きている人間を首吊りに誘う、一種の死神と考えられている。

中国の死後の世界は一種の役所になっていて、死者はそこで官職に就いている。しかし、首吊りで死んだ人間は官職に就くことができず、しかも次の転生も優先度が低く、もちろん昇神（人が神へと昇ること）することもできない。そんな死者が鬼となったのが縊鬼だ。

縊鬼は毎夜、自分が首を吊った場所に縄を持って現れ、首吊りシーンを再現する。

ある人が宿屋で見た縊鬼は、若い女であった。

女は化粧をし、髪を整え、きれいな服をきて、身支度をすませる。

そしてそのまま首を吊る。すると、目は閉じ、眉はつり上がり、舌は飛び出て、恐ろしい形相(ぎょうそう)へと変貌する。あとで聞くと、その宿の息子の首吊りをした嫁が縊鬼になったのではないかという。

縊鬼が恐ろしいのは、首吊りを誘発させることだ。

縊鬼のいる場所に来ると、誰もが奇妙なことに首吊りの衝動に駆られる。縊鬼は、よそではほとんど力を持たないが、自分が首吊りをした場所では非常に強い力を持つのだ。

縊鬼が他の者に首を吊らせようとする理由とは?

張という人の家に、縊鬼が出るために人が住めず、厳重に鍵がかけられた楼(ろう)があった。

そこに若い書生が現れて、部屋を貸せという。

もちろん張は断ったが、書生は貸してくれないのなら勝手に住み着くぞと脅してきた。

やがて張は、書生が仙狐(せんこ)(仙術を修めた狐)が化けた人間ではないかと気づき、その楼を貸すことにした。仙狐なら、縊鬼に負けないだろうと考えたのだ。

翌日から、楼には灯りがつき、賑やかな声も聞こえてくるようになった。張は仙狐が縊鬼を追い払ってくれたと思って、安心していた。

だがしばらくすると、楼からは声が聞こえなくなってしまった。

仙狐が飽きて去ってしまったのかと思って中を見てみると、黄色い狐が首を吊っているのが見えた。

仙狐ですら、縊鬼の力に屈服してしまったのである。

では、なぜ縊鬼が他の者に首を吊らせようとするのか。

それは、**自分の身代わりが欲しいからだという。生まれ変わりを待つ縊鬼だが、そのためには自分の身代わりが必要なのだ。**

だが、その身代わりは、自分同様首吊りをした者でなければならない。そこで、首吊りをさせようと、自分が死んだ場所で網を張っているのだ。

【冒険後記①】　町の入り口付近にて

スライムとゴブリンを見飽きてきたころ、やられかけた

スライム・ゴブリン・スライム・ゴブリン・スライム……。

冒険者の道を歩みはじめて一週間。町のすぐ外で遭遇するモンスターは、スライムとゴブリンばっかりだ。

もちろん、最初は館長がいった通りに戦った。

けれど今じゃもう、こいつらと戦っても怪我1つ負わないし、怪我をしないから回復薬も減らなくなってきた。

だから、町から一歩、もう一歩と離れてみた。

けれど現れるのは、スライムとゴブリンばかり。

しかも今度は、現れたゴブリンがいきなり逃げ出した。

だから追いかけた。

柔らかな地面に足を取られた時、第六感が危険を告げる。

慌てて立ち止まり、あたりを見回し状況を把握する。

俺はゴブリンに誘われて、スライムの沼地に踏み込みかけていた。

前方にはゴブリンの群れ。

その真ん中にホブゴブリン。

沼地には数え切れないほどのスライム。

ホブゴブリンがニヤリと笑った時、俺はすでに奴らに背を向け、全力で町に向けて走り出していた。

何かが背中に当たったが、確認する暇もない。

町に飛び込もうとした時、入り口の衛兵が俺の足をすくった。

俺は顔から地面に突っ込む。

顔を上げると、すでに顔見知りになっていた衛兵が、今日は怖い顔で俺を地面に押しつけた。そして背中にくっついていた小ぶりのスライムを、はがしてくれた。

「スライムからよく逃げられたな」

衛兵は、笑いをこらえて、そう言った。

スライムの足は遅い。走って逃げれば、追いつかれるはずがない。

だから、ホブゴブリンがスライムを投げてきたに違いない。

衛兵たちは、そんな俺の話を信じなかった。

俺だって、雑魚モンスターが他のモンスターを利用するなんて話は、聞いたことがない。

俺は館長に、この話を伝えに行くことにした。

ゲームや漫画、小説の主人公は、なぜ戦士系なのか？

神話・伝承において、怪物を倒すのは、英雄の役割だ。もちろん、神に対抗し神をも倒す怪物もいるが、多くの怪物は英雄によって倒される。

その代表ともいえるのが、ギリシア神話のヘラクレスだ。この本で紹介するだけでも、ヒュドラ（228ページ）、エリュマントスの猪（200ページ）、ケルベロス（154ページ）などを倒したり捕らえたりしている。

ギリシア神話には、ヘラクレスだけでなく、数多くの英雄がいて、数々の怪物を倒している。ペルセウス、テセウス、ベレロポーン、オイディプスなど、怪物の伝説とともに、それに死をもたらした英雄の話は数多い。

もちろん、ギリシア神話だけではない。世界各国の神話において、英雄は怪物を倒して回っている。特に多いのが、ドラゴン退治だ。

中でももっとも有名なのが北欧神話のシグルト（ジークフリート）で、「竜殺しの英雄」と呼ばれている。

また、インド神話の英雄は、戦争をしていることが多く、あまり怪物と戦ってはいないのだが、パラシュラーマは魔族アスラを倒したので、一応怪物を倒したといえるかもしれない。

中国の神話では、『封神演義』や『西遊記』にも登場する二郎真君が有名だ。彼は、蛟竜（こうりゅう）を倒したとされる道士・趙昱（ちょういく）がモデルだといわれている。

日本神話でも、日本武尊（やまとたける）は、八岐大蛇という名の竜に似た化け物を倒している。ただし、日本武尊は、武勇よりも知恵で倒すところが、他の英雄と異なるところだ。

面白いことに、剣や槍、弓矢などの武器によって倒した英雄がほとんどであり、魔法で倒したという話は滅多にない。

このあたりが、ファンタジー創作作品の主人公が戦士系キャラクターであり、武器をもって怪物を倒すというイメージの源流になっているのではないかと思われる。

第2章
友人級
モンスター

【モンスター資料館館長からのメッセージ②】

「エルフやドワーフは実はモンスターではないんだ」

君たちは、今後町を離れ、冒険者として遠くまで旅をし、様々なモンスターと遭遇することだろう。

だが、出会うすべてが敵というわけではない。

その中には、エルフやドワーフなど、異種族もいるからだ。

今日は、そうした異種族について学んでもらおう。

……なに？　エルフやドワーフをモンスターと同列に扱うことに、違和感を感じる？　そうだろうな。

事実、彼らはモンスターではない。

ではなぜ、このモンスター資料館で異種族の情報を扱っているのか？

それは、異種族をモンスターと間違えて、戦ってもらっては困るからだ。

……エルフやドワーフをモンスターと間違えるはずがない？

では、ガンダルヴァならどうだ？

……ガンダルヴァを知らない？

ガンダルヴァは、半人半鳥の姿をした種族だ。

それを知らない冒険者が、ガンダルヴァをハルピュイアと間違えて、出会ったとたんに攻撃したら、どうなると思うかね？

ガンダルヴァもいきなり攻撃してきた者にやり返す。互いに攻撃しあえば、互いがモンスターであるのと変わらない。

だが、その場限りのモンスターとの戦いと違い、種族間の戦いは互いの同種族を巻き込んで、憎しみは拡大していく。

最悪の場合、種族対種族の戦争にもなりかねない。

だから異種族を攻撃してもらっては困るのだ。

もちろん、このあたりにいる種族は友好的だ。人間はエルフやドワーフにとって、友好的な種族といえる。

けれど世界には、敵対的な種族もいる。

例えば、エルフとドワーフは仲が悪いと聞いたことはないかね？　実際、敵対的というほどではないが、特別仲が良いとはいえないな。

だからこそエルフもドワーフも、喧嘩をしないよう注意する。敵対的な種族同士だからこそ、喧嘩から戦争を引き起こさないように、細心の注意をはらうのだ。

この世界には、話し合いの適わないモンスターがたくさんいる。話し合いの可能な種族まで敵にすることは、極力避けなければならない。

だから、町を離れる力を得た冒険者には、このモンスター資料館で、モンスターだけでなく、異種族についても、教えることになっている。

だが、すべてを教えられるわけではない。

世界は広い。世界には、まだ交流のない様々な種族がいるはずだ。

もし、見知らぬ種族と出会ったなら、私はその出会いが信頼と友情で結ばれることを、心から願っている。

互いにモンスターだと思い込めば、その誤解を解くまでに、多くの血が流されることになるだろう。

世界を旅する冒険者は、それぞれの種族の代表でもあるのだ。

君たちにも、人間の代表としての振るまいを期待する。

023

エルフ

Elf

神を王とする国の国民だったエルフ

「エルフ」は、北欧神話に登場する妖精だ。またファンタジー作品にもしばしば登場する長命で美しい人型種族でもある。

だが、これらだけがエルフではない。エルフの姿や生態は、各地方で大きく異なっている。

エルフが最初に姿を現した場所、それは中世のスカンジナビア半島だ。ただ、当地の言葉ではエルフではなくアールヴと呼ばれる種族だった。

このアールヴが、エルフという言葉の元だ。北欧神話について語られた写本『古エッダ』によると、豊穣神フレイが、エルフの国の王であった。逆にいうと、**エルフたちは神を王とする王国の国民だった。**

このような人間と同じ、もしくは優れた存在としてのエルフがJ.R.R.トールキンが書いた『指輪物語』のエルフの原型だ。

そして『指輪物語』のエルフをモデルにしたキャラクターが、数多くのファンタジー小説やファンタジーゲームで描かれるようになった。**私たちが考えるエルフは、ほぼトールキンのエルフを元にした創作だ。**

エルフの尻尾を見た者はとんでもないしっぺ返しをくらう

ただし北欧神話のエルフ（アールヴ）は、このエルフ像とは少々異なる。

北欧神話のエルフは、「リョースアールヴ（光のエルフ）」と「デックアールヴ（闇のエルフ）」にわかれる。

これが、ゲームなどに登場するエルフとダークエルフの名前の元だ。

確かに、リョースアールヴは、我々の知るエルフに似ている。

だが、デックアールヴはダークエルフではなく、地下に住む妖精たち、つまりドワーフなどを意味するのだ。

また、北欧神話のエルフは見た目も異なる。例えば、デンマークのエルフは、前から見ると普通だが、後ろから見るとがらんどうだという。

また、牛の尻尾を持つという話もある。そして、尻尾を見られることはエルフにとって最大の恥であり、見た相手を手にかけてでも、その恥辱を晴らそうとする。しかし、こんな逸話もある。ある男が、目の前の女のスカートから尻尾が見えているのに気付いた。彼はそこでエルフの習性を思い出し、「お嬢さん、ガーターが下がっていますよ」とエレガントに指摘した。

エルフもなにを言われているのかを理解し、感謝の気持ちが恥辱の念を上回ったのだろう、彼が生涯幸せに暮らせるよう取り計らってやったという。

英国のエルフは、北欧のエルフと異なり、人間よりずっと小さい。そして昆虫の羽根で空を飛ぶ。

シェイクスピアの『真夏の夜の夢』でも、妖精の女王ティターニアは、エルフたちのことを「我が小さきエルフたち」と呼んでいる。

同じ英国でも、スコットランド地方のエルフは、人間大だ。

ただし、スコットランドでは、「エルフ」は蔑称らしい。スコットランドの民謡では、「わしをインプとかエルフと呼んだ時は、お前に目にもの見せてくれる」とあるくらいで、インプ（小悪魔）と同レベルの酷い呼称らしい。

つまり、エルフというのは、ヨーロッパにおいては「妖精」といった広い意味の言葉として使われているといってよいかもしれない。

024

ドワーフ

Dwarf

巨人の屍のウジが、神によって知性と形を与えられてドワーフに

人間より背が低い人型種族。一般的には、背の高さは、人間より少し低く（1mと少し）、代わりに横幅があり、頑丈だ。ただ伝承では、身長が人間の数分の1（30〜40cm）くらいの小さい「ドワーフ」も存在する。

ドワーフは、ゲルマン語のドゥアガー、もしくはデンマーク語のドウェルグが英語に取り入れられたものだ。

『ニーベルンゲンの歌[1]』では、ドゥアガーは巧みな鍛冶かつ細工師であり、神々の武具を鍛えることもある。北欧神話の最高神オーディンのグングニールの槍や女神シフの黄金の髪など神々の宝物を作ったのはドゥアガーたちだ。『古エッダ[2]』によれば、ドウェルグは、**太古の巨人ユミルの死体に生じたウジが、神々によって知性と人型を与えられたものとされる。**

ただ、同じ北欧神話に登場する「デックアールヴ（闇のエルフ）」がドウェルグであるという説もある。

実際『古エッダ』の中の『巫女の予言』に登場するドウェルグの中には、「ガンダールヴ」や「ヴィンダールヴ」のように、「～アールヴ」という名を持つ者もいる。それどころか、そのものずばり「アールヴ」という名前のドウェルグすらいるのだ。

この頃のドウェルグには、背が低いとか横幅があるといった記述は一切ない。

つまり、当時のドウェルグは、神々に与えられた人型、すなわち普通の人間と変わらぬ身長と体格だったと考えられている。

ドウェルグが小人になったのは、13世紀頃に書かれたサガ[3]からだといわれている。

小さくコミカルだったドワーフのイメージが『指輪物語』で一変

近世になると、ドワーフはもっと小さく、コミカルなものになる。

『グリム童話[4]』の『白雪姫』に出てくる７人の小人も、英語版ではドワーフとなっている。

このように、小さくコミカルになっていったドワーフのイメージを一変させたのが、**J.R.R.トールキンの『指輪物語』だ。**

この作品のドワーフは、人間より背が低いが、はるかにがっちりした体格で、力も強い。男女ともにヒゲを生やし、金属加工などを生業（なりわい）とし、その作品の質はエルフをも凌駕することがある。

エルフのように寿命がないわけではないが、それでも200年以上生きる。

『指輪物語』の影響は非常に大きく、それ以降のドワーフの大半は、『指輪物語』で登場したものと同じ姿と性質を持つようになった。

1　13世紀の初めにドイツで成立した叙事詩。
2　1643年に発見された『王の写本』に掲載されている、北欧神話を語る歌謡詩のこと。13世紀頃にまとめられたものだといわれている。『詩のエッダ』と呼ばれることもある。
3　中世アイスランドで多数書かれた散文物語。神話よりも、アイスランドや北欧で起こった事件を題材にしたものが多い。
4　グリム兄弟が1812年に編纂したドイツの民話集。

025

ホビット

Hobbit

元々、ホビットという種族はなく、小人といえばドワーフだった

ホビットは気の良い小人で、平均して100才くらいまで生きる。

身長は60～120cmくらい。足の裏の皮が厚く、もじゃもじゃした毛が生えているので、裸足で生活をしている。

農村で作物を育てるような穏やかな生活を好み、エールとパイプを愛好する。そもそも喫煙の文化そのものが、ホビット発祥だという説もある。

村では、素晴らしい小麦や良質の煙草などを栽培し、それらを加工してエールも製造している。

同じ小人でも、ドワーフと違ってヒゲを生やしているホビットは、ほとんどいない。

肉体的には小柄であることもあり脆弱だが、精神的には芯が強く悪の誘惑にも耐えることができる。

だが、**このようなホビットはどこの国のどんな神話にも登場しない。**

というのは、**ホビットという種族そのものが、J.R.R.トールキンが『ホビットの冒険』のキャラクターとして創作したものだからだ。**

そして『指輪物語』の主人公として、ホビットの名前は世界的に広まった。

もちろん、陽気で気の良い小人は、民話などに登場するおなじみの種族だ。だが、それらはドワーフであり、ホビットではなかった。

だが、トールキンは小人を２つの種族にわけた。

がっちりして頑丈で、頑固で、鍛冶や細工に優れた小人をドワーフ。小太りで、陽気で、主に農業を営む小人をホビットとした。

世界を魔の手から救った勇敢なるホビット・フロド

ホビットの世界への最大の貢献は、呪われた「一つの指輪」を破壊したことにある。ホビットのビルボ・バギンズは、『ホビットの冒険』で魔法の指輪を手に入れる。

しかし、その指輪は呪われた指輪だった。

しかもその指輪は強大な力を持っていて、悪の陣営に渡ってしまうと世界が闇に支配されてしまう。

そこでビルボの養子フロドは、指輪を破壊できる火山に行き、火口の溶岩の中に指輪を投げ込んで、世界を魔の手から救った。

この冒険が『指輪物語』だ。

026

レプラカーン

LEPRECHAUN

なぜか片方の靴しか作らない妖精界の靴屋さん

アイルランドの伝承や民話に登場する妖精の小人。

「クルラホーン」とか「ファー・ジャルグ」などと呼ばれることもある。

赤い服を着て、赤い帽子をかぶっている。

現在は、緑の服の「レプラカーン」がほとんどだが、緑の服のレプラカーンは20世紀になって生まれたものだ。

19世紀の歌人サミュエル・ローヴァーの『アイルランドの伝説と物語』では、「レプラカーンは、赤いテイルコートを着ている」とある。

身長は、１ｍくらいはあるという説から、人間の指ほどしかないという説まで様々だ。

老人のレプラカーンが多いが、中年男性もいる。ただすべて男で、女性のレプラカーンは存在しない。そして、全員一人暮らしをしている。

レプラカーンのことを、アイルランドではレイブロガーンという。

ウィリアム・B・イェイツは、これを「片方靴屋」という意味だとした[1]。その名の通り、片方だけの靴など役に立たないものを作るが、妖精たちはなぜかレプラカーンに靴を作ってもらう。

レプラカーンは、悪い妖精ではないが、だからといって人間のために働いてくれたりもしない。

レプラカーンを捕まえれば、大金持ちになれる!?

レプラカーンは、隠れた財宝の場所を嗅ぎつける。

そのため大変な大金持ちだ。レプラカーンを捕まえて財宝のありかを白状させれば、君も大金持ちになれる。

ただし、レプラカーンは非常に素早いため、捕まえるのは、とても難しい。

レプラカーンの趣味は、羊や山羊にまたがって走ることだ。

羊や山羊がいなければ、犬で代用することもある。朝になって羊が妙に疲労しているのは、レプラカーンに乗り回された証だと羊飼いは信じている。

司馬遼太郎の『街道をゆく』によると、アイルランドには「レプラカーンが横断するので注意（Leprechaun crossing)」という注意看板が実際にあるそうだ。

ただし、これが本気なのか、それとも「動物に注意」を洒落(しゃれ)てみたのかは、わからない。

1　より正確な研究では、これは俗信であって、本当は「小さい人」が語源だとされる。

027

ピクシー

PIXIE

小さき妖精のおかげでお金持ちになった百姓の話

小さな、本当に小さな、身長20cmほどしかない羽根の生えた妖精、それが「ピクシー」だ。

ピクシーの語源ははっきりしないが、スウェーデン語のピスケ（小さな妖精）だという説もある。その傍証の一つとして、コーンウォール[1]では、ピクシーのことをピスキーという。

彼らは悪戯好きの妖精だが、基本的には人間に好意的で色々と人間の手助けをしてくれる。

とある百姓家での話だ。百姓は誰もいないはずの納屋から麦打ち[2]の音がするのを聞いた。「ははあ、ピクシーの仕業だな」と思った百姓は、そのままそっとしておいた。

すると翌朝には脱穀が終わり、わらと籾にわけられた麦があった。百姓は感謝して、チーズとパンを置いておいた。

すると翌日も、その翌日も脱穀が行われ、そのたびに百姓はチーズとパンを置いた。そして、納屋にあるすべての小麦の脱穀が終わった翌日、不思議なことにまだ麦打ちの音がする。

見てみると、ピクシーはどこからか魔法の小麦を持ってきて脱穀していた。こうして、毎日魔法の小麦を手に入れた百姓は、おかげでお金持ちになったという。

だが、別の百姓は、ピクシーの作業をそっと覗いてしまった。

そしてピクシーたちの服がボロボロであることに気づき、チーズとパンではなく、新しい服を用意してやった。ピクシーは服を見て喜び、「これでもう働かなくていいや」といって二度と現れなくなった。

中年男、服を着ていない、緑の服の老人…様々な姿で描かれるピクシー

奇妙なことに、ピクシーは水の上を歩き、地面を帆走するといわれている。さらに不思議なことに、**彼らは哀しみという感情を知らず、恐れも知らない。**

ピクシーは、洗礼前に死んだ子どもや、キリスト伝来前のドルイド僧だという説がある。

なぜなら、彼らは洗礼を受けていないので、天国には入れないが、かといって地獄に行くような悪事も働いていないからだ。

ピクシーはイギリス南西部の民間伝承に登場するが、地方ごとに少しずつ異なっている。

サマーセットのピクシーは、人間の手くらいの大きさだが、必要とあれば人間サイズまで大きくなれる。赤毛で、眼は斜視、鼻は反り返り、口は大きい。年齢的には、中年男に見える。

デヴォンシャーのピクシーは、色白でほっそりしている。ただし、服を着ていない。

コーンウォールのピスキーは老人で、緑の服を着ている。

1　イギリス南西の突端部地方をこう呼ぶ。
2　麦の穂を叩いて、脱穀（穂から小麦の粒を落とす）すること。

028 エント

ENT

圧倒的存在感を放つ、超スローモーな木の巨人

木に似た姿の半植物の巨人。といっても、神話や伝承に登場するわけではない。J.R.R.トールキンの『指輪物語』や『シルマリルの物語』に登場する架空の生き物だ。

だがトールキンの影響は圧倒的で、オークなどと同様、「エント」も神話や伝承の生物と同等以上の存在感を放っている。

エントの姿は、動く大木そのものだ。

一応顔も手足もあるのだが、辛うじて眼が眼であるとわかるくらいで、口など木の洞にしか見えないし、手足も太い枝や根にしか見えない。

トールキンの作った世界「中つ国」でエントは、女神ヤヴァンナの願いから生まれた。彼女は植物を守り育てる存在を求めていた。人間やドワーフなどに自然が破壊されるのを恐れたからである。その願いに応えて、創造神イルーヴァタールが配したのが木の牧人エントであった。

エントの役目は木々を守り育てることだが、植物の伐採を一切認めないわけではなく、薪を集めたり、荒れ地を開墾して畑を作ったりするのを咎(とが)めることはない。しかし、森を大きく切り崩すような行動は決して許さない。

エントは大変気が長く、行動も大変ゆっくりだ。

エントの言葉も、非常にゆっくりした独特の言葉で、人間などには耐えられないほど遅い。重大な決断を下すためには会合を開くのだが、そこでもなかなか話は進まない。

長命な種族エントが子孫を残せず衰退している意外な理由

エントは、長い衰退を生きる種族だ。かつてはエント女やエントの子どももいた。エントが木々を司るように、エント女は草花を司っていた。

この役割分担のために、エントとエント女は離れて住むようになった。

しかし、**エント女が守っていた草花の地は戦争で荒廃してしまった。それ以降エント女は、草花とともに姿を消してしまった。**

そしてエントだけが取り残された。もはやエントは増えることはない。

エントは大変長命だが、やがて単なる大木のようになって動かなくなる。これは死ではないが、エントとしては死んでしまったのも同然だ。

こうして、少しずつエントは減少していっている。

エントは水さえあれば生きていける。彼らが飲む水は、成長の力を持つエント水だ。この成長の力はエント以外にも働き、エント水を飲んだホビットは、歴史上もっとも背が高いホビットとなった。

エント水のおかげか、エントの身長は数mから数十mにもなる。そして、それにふさわしい力の持ち主だ。

エントにぶん殴られれば、トロルですら吹っ飛ぶ。しかも基本樹木なので、弓矢や刀程度ではろくに傷をつけることもできない。毒も効かない。エントを傷つけるためには、強力な斧で伐(き)るか、火をつけるしかない。

RPG『ダンジョンズ＆ドラゴンズ』では、版権の関係から、エントではなくトレント（恐らく"tree"+"ent"から名付けられたのだろう）という名称になり、その後のゲームや小説などでも、トレントの名で登場することも多い。

029 ニンフ

NYMPH

海のニンフから生まれた英雄アキレス

「ニンフ」とは、ギリシア神話に登場する下級の女神、もしくは精霊たちのことだ。ギリシア語ではニュンペー（複数形でニュンパイ）という。

ニンフは、様々な土地やものの守護者で、守護するものごとに異なる名前を持っている。

名称	複数形	守護対象
ネレイス	ネレイデス	海
ナイアス	ナイアデス	水
オケアニス	オケアニデス	河

ドリュアス	ドリュアデス	木
メリアス	メリアデス	トネリコの木
オレイアス	オレイアデス	山
アルセイス	アルセイデス	森
ナパイアー	ナパイアイ	谷
ヘリアス	ヘリアデス	光

海を守るニンフであるネレイスたちは、海の神ネレウスと妻ドリスの間に生まれた人魚たちだ。『人魚姫』の物語とは異なり、任意で人間の姿になることもできる。また、イルカやアザラシなどの、海棲哺乳類(かいせいほにゅうるい)の姿を取ることもできる。全部で50人（100人説もある）いる。

ネレイスの中でもっとも有名なのは、ギリシア神話の英雄アキレスの母テティスだろう。テティスは非常に美しく、ゼウスが妻に望むほどであった。

だが、**テティスの息子は必ず父より優れた者になるという予言を聞いたゼウスは、主神の座を奪われることを恐れて、テティスを人間の妻にした。こうして生まれたのが、英雄アキレスだ。**

ナイアスは泉や井戸などの水の守護者だ。古代ギリシアの叙事詩人ホメロスの作品ではゼウスの娘とされる。ナイアスのいる泉は神聖な場所とされる。そこで水浴びをした者は、彼女らへの冒涜行為(ぼうとくこうい)の代償として、呪われる。ナイアスのいる泉の水には治癒(ちゆ)力があり、飲むと病気が治るともいわれる。

オケアニスは、大西洋の神オケアノスの娘で河の守護者だ。なんと3000人もいるという。オケアノスは、大洋を表すオーシャンの語源ともなった神だ。大洋の娘がなぜ河の守護者なのか不思議に思うかもしれない。

これは、ギリシア古典時代、大西洋は大陸の周囲を流れる巨大な河だと考えられていたからだ。そのため、娘たちも河の守護者になった。

ドリュアスは樹木を守護するニンフだ。これが、英国などでは樹木の精霊ドライアドとなった。特に、個々の木に宿ってその木と共に生き、共に死ぬ木の精霊はハマドリュアスという。

メリアスは、トネリコの木の精霊だが、ウラノスの去勢された男根から滴(したた)った血から生まれた。

オレイアスは山の精霊だが、その中では木霊(こだま)となったエコーが名高い。

030

四大精霊

FOUR ELEMENTALS

多くの錬金術士・魔術師に影響を与えた四大精霊

16世紀の医師兼錬金術師として知られるパラケルススは、その著書において、四大元素[1]にはそれぞれ対応する精霊が存在すると主張した。これを、「四大精霊」（エレメンタル）という。

パラケルススは、このエレメンタルは霊とも人とも異なるエーテル（元素）のみで構成された生物であると主張した。

元素	パラケルススの付けた名前	一般名称
土	ピグミー[2]もしくはグノーム	ノーム
水	ニンフもしくはウンディーネ	ウンディーネ

火	サラマンデルもしくはヴルカン	サラマンダー
風	シルフもしくはシルヴェストル	シルフ

パラケルススの四大精霊説は、多くの錬金術師や魔術師に採用された。そして数々の文学作品にも、影響を与えた。

ノームは、土もしくは大地を司る精霊で、地下に住んでおり、様々な鉱石の鉱脈の位置も知っている。身長は10〜20cmくらいで、長いヒゲを生やした男の老人の姿をしている。民話などでは、精霊ではなく、妖精の一種族として登場することも多い。

ウンディーネは水の精霊で、水でできた女性の姿をしている。ただ、普通の人間と同じ姿だという説もあり、人間と結婚して子どもを授かったものもいるという。パラケルススの『妖精の書』(1566)には、人間の男がウンディーネと婚約したが、彼女を捨てて別の人間の女性と結婚したために呪われて死んだという話が紹介されている。19世紀には、この話を元ネタに、フリードリッヒ・フーケが『ウンディーネ』という小説を書いている。

サラマンダーは、火の精霊で、炎でできたトカゲの姿をしている。これは、サンショウウオが炎の中から出てくるのを見た人間が、サンショウウオのことを火の精霊だと思い込んだからだ。ヴルカンという別名は、ローマ神話の火山の神ヴァルカンからきた名称だ。

風の精霊は、シルフだ。シルフィードという時もある。空気の性質を持つシルフは、透明で目に見えない。しかし、姿を現すこともある。その場合、ほっそりした少女の姿をしている。『妖精の書』によれば、彼女たちは魂を持っておらず、人間の愛を得ることで、魂を持つことができるのだという。

シェイクスピア最後の作品『テンペスト』(1612)では、主人公プロスペローが魔術によって配下にしたのが、空気の精エアリアルだ。

名前はシルフではないが、ほぼ同じだ。アレキサンダー・ポープの『髪盗人』(1712〜1714)にもエアリアルという名のシルフが登場する。

1 この世界は、土・水・火・空気(または風)の4つの元素からなるという思想を、四大元素説という。紀元前5世紀のギリシアの自然哲学者エンペドクレスが最初に唱え、アリストテレスなどによって広められた。
2 ギリシア神話に登場するピュグマイオイ(小人族)からきた言葉。のちにアフリカで発見された背の低い部族がピグミーと呼ばれたのは、このピュグマイオイが語源であって、パラケルススと直接関係はない。

031

マーメイド

MERMAID

なぜか人間も自分自身も不幸にしてしまう悲しき人魚

「人魚」は、数多くの人外の伝説の中でももっとも広く知られた存在だ。

一般的には、上半身は美しい女性、下半身は魚のイメージが強い。ちなみに、男性はマーマンという。

ただ、人魚の伝説は世界中に存在していて、それぞれの地域で全く異なる。例えば日本の人魚は、小さな猿のような上半身に、下半身が魚だ。

美しい姿にもかかわらず、人魚には不吉な陰がある。**人魚に出会った人間はほとんど不幸になるし、人魚自身が幸せになる伝説もほとんどない。**

にもかかわらず、人魚は海岸や海の岩場などで髪をくしけずり、人間の男を誘惑する。

その代表とも言えるのが、ローレライだ。ローレライとは、ライン川沿いにある岩山のことで、同時にそこに住む人魚の名前を意味する。

彼女は、岩山に座って、河を通る船にその美しい歌声を聞かせる。彼女の歌に聴き惚れた船員たちは、次々と遭難してしまう。

英雄たちが乗り込んだ船さえ遭難させてしまう強力な歌声

歌声で遭難させるといえば、セイレーンの歌声も有名だ。彼女はホメロスの叙事詩『オデュッセイア』に登場する。

オデュッセウスは、噂のセイレーンの歌声をなんとか聞きたいと思っていた。そこで、船員たちには蝋(ろう)で耳栓をさせて、自分だけ耳栓をせず、代わりにマストに自分をくくりつけさせた。

準備を整えたあと、彼らはいよいよセイレーンが住む海域に差し掛かった。セイレーンの歌声を聞いたオデュッセウスは、身をよじり彼女のもとへ行こうとしたが、船員たちはますます強くオデュッセウスを縛りあげたので、彼は歌声を聞いたにもかかわらず、無事通りすぎることができた。

アポローニオスの『アルゴナウティカ』にもセイレーンが登場するが、この時は吟遊詩人オルペウスが楽器ライアをひいて対抗したため、乗組員はほとんど無事だった。

ゲーテの『ファウスト』にもセイレエンが登場するが、こちらは歌う鳥とされているので、古い姿のセイレーンなのだろう。

アイルランドの人魚はメロウという。我々がイメージする人魚に近く、上半身は人間で下半身は魚だ。ただ、女性は大変美しいのに、男性は大変醜いという。

そのためか、人間と結婚するメロウもいた。その子どもは脚に鱗があり、手の指の間には水かきがあったという。

イギリスとアイルランドの間のマン島の人魚は、金髪の美しいベドン・ヴァーラという。メロウもベドン・ヴァーラも、歌声で船乗りを遭難させる。

中にはものすごい記録もある。作者不詳の『四達人の年代記』によると、887年にアイルランドに人魚の死体が打ち上がった。

その肌は、白鳥よりも白く美しい。だが何より身長58mと、ウルトラマンより大きいサイズだというから驚きだ。

032

カーバンクル

CARBUNCLE

見つけた者に「富と幸運をもたらす」伝説の魔物

「カーバンクル」は『アルゼンチナ』（1602）に登場する魔物だ。

『アルゼンチナ』はスペイン人の神父マルティン・デル・バルコ・センテネラ（1535-1602）の著書である。

彼のカーバンクルの目撃談が、これに書かれている。

ただし彼はパラグアイで見たこの動物に名前を付けておらず、ただ「**燃える石炭のごとく輝く鏡を頭にのせた小さな動物**」**と書かれていた。**

その後、彼はパラグアイ各地を探して回ったが、再発見するには至らなかったそうだ。

『アルゼンチナ』におけるカーバンクルに関する情報はこれだけで、鳥なのか動物なのか、昆虫なのかすらわかっていない。

この動物を、スペイン人コンキスタドール[1]たちは、カーバンクルと名付けた。カーバンクルとは、本来は赤い宝石のことだ。昔はガーネットだったが、16世紀にはルビーの別名とされていた。

こうしてカーバンクルの鏡は、後に真紅の宝石であると考えられるようになった。

その宝石を持つ者には富と幸運をもたらされる、という伝説に惹かれて数多くの探検家が南米のジャングルを探し回った。

しかし今日に至るまで、誰もその宝石を手に入れることはできなかったのである。

カーバンクルは実は竜!?

実はセンテネラより前にも目撃情報があった。

スペイン人探検家のゴンサーロ・フェルナンデス（1478-1557）の証言である。

彼は、暗闇でも光り輝くカーバンクルの鏡をマゼラン海峡で2つ見たのだという。

そして彼はその鏡を、竜が脳みその中に隠し持っているという宝石と同じではないかと考えた。つまり、カーバンクルは小さな竜ではないかというのである。

だが、このわずかな目撃例を除いて、カーバンクルを見たという人間は現れなかった。

いまだに、カーバンクルは名前のみが知られ、その正体は一切わからない謎多き生き物なのである。

1　実質は、現地の住民から金目のものを略奪する連中を、こう呼んでいるだけ。

033

ガンダルヴァ

GANDHARVA

黄金の羽根を持つ天国の都の音楽家

インド神話に登場する神性のある鳥、半神半獣の種族が「ガンダルヴァ」だ。

ただ、文献によって、様々異なることが書かれていて、どれが正解とも定めがたい。しかし、人間に友好的な存在であることは確かだ。

一般的には、たくましい赤い肌の男性の上半身に鳥の羽と下半身を持つ、半人半獣の姿で描かれる。

だが、黄金の羽根を持つ鳥だという説もある。

インドの雷神インドラ[1]の天国であるスワルガにおいては、音楽家種族である。

妻であるアプサラスの踊りとともに、世界の再創造を司る。だが、ヴァルナ神の使者とされることもある。

インドラ神は、死んだ勇者を接待するための天国アマラーヴァティを持っている。

1000の門と100の宮殿を持つ、常春(とこはる)の都だ。

この都での接待役が、音楽家であるガンダルヴァと、その妻で踊り手のアプサラスである。

ガンダルヴァは香りを食事とし、肉や魚は食べない。このため、ガンダルヴァからは強い香りがする。

医学に通じ、不死のお酒アムリタを神々に配る

ガンダルヴァはブラフマー神[2]、もしくはカーシャパ[3]の子孫とされている。最初のガンダルヴァは聖なる真理に詳しく、神々のお酒で**万病に効くというソーマ酒を用意した。**

その子孫として栄えたガンダルヴァという種族も、医学に通じ、神々を不死にするアムリタ酒[4]を神々に配する役目を負っている。

仏教では、ガンダルヴァを乾闥婆(けんだつば)という。

仏法護持の八部衆の一つで、帝釈天に仕えている。法華経では、観音三十三身[5]の一つでもある。

また、変身の力を持つことから、インドでは魔術師のことをガンダルヴァと呼ぶこともあれば、蜃気楼のことを「ガンダルヴァの城」ということもある。

1 ヒンドゥー教の神で、雷の神、英雄神、軍神である。仏教に取り入れられて帝釈天となる。
2 ヒンドゥー教の神で、創造神。ヒンドゥーの最高神三神の一柱。
3 仏陀十大弟子のひとり。
4 インド神話に登場する神秘の酒で、飲む者に不死を与えるという。
5 観世音菩薩が衆生を救うために、33種類の姿に変化するという。

034

アプサラス

APSARAS

神を崇拝する者に霊感と知恵を授ける天界の美しい踊り子

インド神話に登場する美しい女性の水の精霊。「アプサラス」とは「水の中で動くもの、雲の海に生きるもの」を意味する。

インドでは、池は神聖なものとされている。というのは、それぞれの池に、アプサラスが宿っていると考えられているからだ。**彼女たちは、神を崇拝する者たちに恵みを与え、霊感、そして知恵を授けるとされる。**

アプサラスはヒンドゥー教の天地創造である乳海攪拌(にゅうかいかくはん)[1]の時に、様々な物や人、神などと共に生まれたといわれている。

アプサラスは、天界における踊り手であり、神々の世話をする女たちだ。

他に歌や遊戯、賭博なども好む。豊満な乳房に細柳の腰、ムッチリとした尻は、インド美術にも数多く描かれている。

多くの美術で、神々の周囲には世話をするアプサラスが描かれている。

例えば男神カーマ[2]の廻りにも、常に多くのアプサラスがいる。カーマをアプサラスの主とする伝承もある。

天界から送られて英雄を誘惑したり、聖仙（りし）の修行を妨げたりすることもある。また人に狂気を起こさせることもできるといわれる。

後世になると、戦死した英雄をアマラーヴァティという天国へ連れて行くという、ワルキューレのような仕事まで担当している。

5年の時を経て結ばれたアプサラスと人間の王

アプサラスは基本的にはガンダルヴァの妻であることが多いが、人間の妻となることもある。

その中でも、特に有名なのがアプサラスのウルヴァシーとプルーラヴァス王のロマンスだろう。

『リグ・ヴェーダ』『マハーバーラタ』といった超重要文献にも、彼らの恋愛譚は収録されているが、中でも名高いのが４～５世紀の劇作家カーリダーサによる戯曲『ヴィクラマ・ウルヴァシーヤ』[3]だろう。

戯曲ではかなり脚色されているため、ここでは聖典における二人の関係を語ろう。

ウルヴァシーは、ガンダルヴァと結ばれるはずであったが、人間の王プルーラヴァスと惹かれ合い、結婚する。

だが、ガンダルヴァにその仲を裂かれてしまう。

しかしプルーラヴァス王は彼女を諦めきれず、彼女を探す放浪の旅に出る。そして旅の途中でアプサラス一行と出会い、ようやくウルヴァシーとの再会を果たす。そこで一年に１回だけの再会を約束した。

それから５年後の再会、つまり５回目の再会の時、ガンダルヴァは二人を憐れんで、彼の願いを一つ聞き届けよう、と言った。

王は自分をガンダルヴァの仲間に入れてくれるように頼んだ。その願いは聞き届けられ、ウルヴァシーと二人、幸せに暮らしたという。

1　ヒンドゥー教における天地創造。本来は、アムリタを得るために行われたが、1000年間攪拌する（かき混ぜる）ことで、太陽や月から女神ラクシュミまで様々なものが生みだされた。
2　神々の中でもっとも美しい男神で、オウムに乗った姿で描かれることが多い。
3　岩波文庫『公女マーラヴィカーとアグニミトラ王他一篇』に『武勲（王）に契られし天女ウルヴァシー』の名前で収録。

035

キキーモラ

KIKIMORA

働き者の家では家事を手伝い、怠け者の家では悪事を働く糸紡好き妖精

人家に住む妖精は男妖精ばかりの中、「キキーモラ」は数少ない女妖精だ。「モーラ」はロシアの夢魔のことを意味するが、「キキー」についてはまだわかっていない。「キーキー」鳴くからという説や、「お下げ髪（キカー)」をしている説など、色々と説が存在する。

キキーモラには、無数の伝承がある。

そのため、その姿も様々な説がある。

狼の頭だがクチバシがあり、熊の胴体、脚は鶏、尻尾は大型犬といったキメラのような怪物という説もあれば、腰の曲がった老婆の姿という説もある。さらには、年若い少女であるという説すらある。

キキーモラは、**一般には家事を手伝ってくれる良い妖精だと伝えられる。**

そして、**糸紡ぎや機織りを好む。**

夜中にこっそり糸を紡いだり、布を織ったりしてくれる。

ただし、働き者のもとでのみだ。

怠け者の家では、紡いでいる途中の糸を切断してしまったり、置いてあった糸をぐちゃぐちゃに絡ませてしまったりする。

また、こんな話もある。

馬に乗った旅人が、野原に捨てられた子どもを助けてやろうとしたが、子どもを馬に乗せると、馬は脚を踏ん張って動こうとしない。

そこで、腕に抱いて旅を続けるが、村に近くなると子どもはするっと腕から逃れて、哄笑(こうしょう)をあげて消えてしまう。

こんな悪戯もキキーモラの仕業だという。

ある伝承では、洗礼を受けずに死んだ女の子の死霊が、悪魔に支配されたためにキキーモラへと変化するという話もある。

悪戯好きの女妖精から身を守る方法

キキーモラの他にも、ロシアの女妖精としては、マーラもしくはマルーハも知られている。

マーラは暖炉の上に座っている小さな老婆で、夜中にこっそり糸を紡ぐが、ぶつぶつ文句を言っては煉瓦(れんが)の欠片をぶつけてくる。

ロシアでは、糸紡ぎを途中で止める場合、必ず神への祈りの言葉を唱える。そうすれば、マーラが夜中に現れて、紡ぎかけの糸をちぎってしまうのを防げる。

祈りの力はそれだけにとどまらず、キキーモラの悪戯からも守ってくれるという。

036

ユニコーン

UNICORN

神話には登場せず、実在の動物とされていた伝説の一角獣

一角獣ともいわれる、額からまっすぐな角が１本生えた馬だ。ギリシア語ではモノケロスといい、この名前で登場することもある。

「ユニコーン」は、珍しいことにギリシア神話や北欧神話のような神話伝承のモンスターではない。その始まりは、**ヨーロッパの博物学者たちが、なんと実在の動物として、彼らの博物学書に掲載したことが始まりだ。**

ユニコーンに関する古い記録としては、紀元前４世紀のギリシアの医師クテシアスの『インド誌』がある。

『インド誌』によると、ユニコーンは馬ほどもある大きなロバで、身体は白く、頭は暗赤色、眼は青く、額には１本の角がある。角の長さは１キュビト（45cm）で、根本から２パーム（15cm）ずつ、青→黒→赤と変化している。

そして、この角でできたグラスは、盛られた毒を無効化するという。

ただ、脚が速く、馬でも追いつけない。

もし捕まえようとするならば、ユニコーンが子どもに餌を食べさせている隙に騎馬で囲ってしまうしかない。

しかし、ユニコーンも子どもを絶対に見捨てずに、強力な角や足蹴、噛み付きで応戦してくる。

そうなると、多くの死人が出ることを覚悟しなくてはならない。

しかも、力ある限り戦うので、得られるのはその死体だけだという。

毒消し、治療薬、万能薬……ユニコーンの角に宿る驚きの薬効とは?

12世紀の『聖ヒルデガルトの医学と自然学』では、ユニコーンは、人間や他の動物を避けるが、少女だけはじっと立ち止まって見つめると書かれている。捉えるならその隙をつくしかない。

このあたりの記述が、よくいわれる「ユニコーンは処女の膝でのみ眠ってしまう」という伝説の元ではないかと思われる。

また、ユニコーンの神秘めいた薬効についても書かれている。

ユニコーンの肝臓はハンセン病[1]を治し、ユニコーンの革のベルトを着けていれば、病気に罹(かか)らないという。

さらに、蹄(ひづめ)をコースターにすれば、その上にコップを置くと、中に毒が入っていれば泡や煙が立つのだそうだ。

ただ、奇妙なことに、『聖ヒルデガルトの医学と自然学』ではユニコーンの角は何の役にも立たないと断言しており、他の書物と大きく異なる。

この頃から、ユニコーンはキリストの象徴とされるようになり、獰猛で苛烈なイメージは消え、高貴なイメージだけが残った。

さらに、ユニコーンの角は、万能薬と考えられるようになった。

多くの医学書にも、ユニコーンの角は毒消しや治療薬として掲載され、貴族や金持ちが買い求めるようになった。

ただし、本物のユニコーンの角ではなく、イッカクの牙がユニコーンの角として、大変な高額で取引されていたという。

1 現在では、特効薬が開発され、比較的簡単に治る病気だが、当時は不治の業病とされていた。

037

サンダーバード

THUNDERBIRD

羽ばたきは「雷鳴」、目の輝きは「稲光」となる巨大な神鳥

カナダからアメリカにかけての太平洋岸に住むインディアン、アルゴンキン族の神話に登場する神鳥。

アメリカインディアンの世界観では、身の回りにあるあらゆるものには精霊が宿っている。日本の八百万の神に似た、アニミズム[1]の世界観だ。

それら無数の精霊の中でも、強力な雷の精霊が「サンダーバード」だ。

その羽ばたきの音は雷鳴となり、眼の輝きが稲光になる。雷雲は、サンダーバードを追いかけて海からついてきて、雨を降らせる。

大きさは、羽を広げると戦争用のカヌーの２倍もあったとされるので、10mにもなる巨大な鳥だ。

オリンピック山脈[2]の雪原にある洞窟に住み、そこから太平洋まで飛んでいって、鯨を獲って食べている。

飢える部族に巨大な鯨を届ける心優しき鳥

ただし、常に狩りに成功するわけではない。キラー・ホエール（シャチのこと）の逸話がある。

ある時、サンダーバードがシャチを捕まえて巣へと連れて帰ったが、逃げられてしまった。

その後、捕まえても捕まえてもシャチは逃げ出してしまう。

そしてついに、シャチは大洋の真ん中まで逃げてしまった。さすがのサンダーバードも、シャチを追うのを諦めたという。

シャチが滅多に海面に出ず、深海に住んでいるのも[3]、サンダーバードに襲われるのを恐れているからだといわれている。

サンダーバードは、人間に対して友好的だ。

昔、嵐が何ヶ月も吹き荒れた時のことだ。

農作物は枯れ、漁も猟もできず、食べ物がなくなってしまったことがあった。

そしてついに、部族の偉大な酋長が精霊に助けを求めると、大きな鳥が村に巨大な鯨を届けてくれたのである。

サンダーバードが、飢える部族に食べ物を持ってきてくれたのだ。

UMA（未確認生物）としてのサンダーバードもいる。

翼長10mほどの巨大な鳥の目撃情報が、1960〜70年代のアメリカで相次いだ。このUMAをサンダーバードと名付け、探している探検家もいる。

実在の雷鳥は、日本語を直訳すれば確かにサンダーバードだが、英語ではロック・ターミガンというので、別物だ。

1 生物・無生物を問わず、すべてのものには神や霊が宿っているという考え。汎霊説・精霊説などという。
2 アメリカ、ワシントン州の海岸近くのオリンピック半島にある山脈。天辺近くは氷河をかぶった高山だが、裾野は世界最大級の温帯雨林である。
3 シャチは哺乳類なので、時々海面に出て呼吸している。しかし、伝説ができた頃は、このことがわかっていなかったため、シャチは深海に住むと思われていた。

038

ケット・シー

CAT SÌTH

二足脚で歩き、人の言葉をしゃべる猫

「ケット・シー」は、アイルランドの伝承にある猫の妖精だ。
「ケット」は英語の「キャット」に相当し、「シー」は、「妖精」の意味だ。

猫としてはかなり大きく、犬くらいの大きさがある猫だ。

伝承では、胸に白い斑点がある黒猫だが、絵本などでは黒猫とは限らず、虎猫や白猫など、様々な模様で描かれている。

二本脚で歩き、人語をしゃべる。

アイルランドには、犬の妖精もいて、「クー・シー」(クーとは犬のこと)という。こちらは、緑色の仔牛なみの大きな犬だが、人語をしゃべったりはできない。

老夫婦の飼い猫が、ある日突然立ち上がって猫王国の王様となる

ケット・シーは猫の王国を作っているらしい。

ケット・シーの民話でもっとも有名なのが、猫の王位継承だ。

あるところに、墓堀の老夫婦がペットのトムと暮らしていた。トムは、年老いた大きな黒猫だった。

その日、老妻はいつものように夫を待っていたが、なかなか帰ってこない。

「トムや、おじいさんは遅いねえ」

猫は、その言葉がわかっているかのように「ニャオ」と答える。

すると、夫が慌てた様子で帰ってきた。

そして帰ってくるなり、

「おい、トム・ティルドラムって誰だ」

と妻に聞くのだ。

「そんな人知りませんよ。どうして、そんな聞いたこともない人のことを聞くんです」

すると、夫はこう話し始めた。

「いつものように墓を掘っていたら眠くなって、居眠りをしていたんだ。そしたら猫の鳴き声がして目が覚めたんだ」

その時、猫も相槌を打つように、「ニャオ」と鳴く。

「そしたら、うちのトムに似た黒猫が9匹いたんだ。どれも、胸に白い斑のあるやつらだ。1匹が先頭で歩いて、残りの8匹はビロードで覆われた棺桶をかついでるんだ。しかも、棺桶には王冠が置いてある」

「ニャオ」

またも猫が先を促した。

「そいつらが、わしのところに来て言うんだ。『トム・ティルドラムに、ティム・トルドラムが死んだって伝えるんだ』ってな。だけど、トム・ティルドラムって誰なんだ」

すると、猫のトムが後ろ足でいきなり立ち上がって言った。

「なんだって、ティムが死んだって。なら、今度は俺が王様になる番だ」

そう言うと、煙突の中を駆け上がって、二度と戻ってこなかったという。

039

ザントマン

SANDMAN

ザントマンが裸足である意外な理由とは？

ドイツや北欧の民間伝承にある砂の妖精。

英語では、サンドマンといい、砂男と呼ばれることもある。

「ザントマン」は、眠りの砂を持っている。人と出会うと、気付かれる前に魔法の砂を人間の眼に放り込む。

すると、人間は眼を開けていられなくなって、眠ってしまう。

このため、ザントマンの姿を見ることができたものは一人もいないはずだ。しかし、なぜかザントマンは袋を背負った裸足の老人の姿だとされている。

そして、その背中の袋に眠りの砂が入っているという。**裸足なのは、眠っている人間を起こさないようにするためだ。**

ヨーロッパでは、夜なかなか寝ない子どもに、「ザントマンが来る前に眠っていないと、眼をくりぬかれてしまうぞ」と脅す。

というのは、ザントマンがいつまでも眠らない子どもの目に砂を放り込むといわれているからだ。

砂を入れられた子どもの眼は真っ赤に充血して、ついには眼窩（がんか）から飛び出してしまう。**ザントマンは、この飛び出した目玉を手に入れると、家に持って帰って自分の子に食事として与える。子どもたちは嘴（くちばし）で目玉をつついて食べるのだという。**

ザントマンは、基本的には人間の味方だが、悪い子にお仕置きをする。つまり、日本でいう秋田のなまはげのような存在だ。

世界各地に点在する眠りの妖精たち

ザントマンは、ドイツ人作家エルンスト・ホフマンの『砂男』というホラー作品で一躍有名になった。ザントマンの伝説を子どもの頃に聞かされ、それがトラウマになってしまった男の話である。

そしてザントマンを恐れるあまり、自身を滅ぼしてしまうという作品だが、**実はこの作品にはザントマンは一切登場しない。**

人を眠らせる妖精は、ザントマン以外にもたくさんいる。

デンマークには、オーレ・ルゲイエという眠りの妖精がいる。この妖精は、砂の代わりに子どもの眼にミルクを1滴垂らして眠らせる。

同じデンマークの童話作家ハンス・アンデルセンは、この妖精に着想を得て『眠りの精オーレ・ロクオイエ』という童話を書いた。

この物語の妖精は、子どもを眠らせるだけでなく、夢を見させる力もある。良い子には楽しい夢を見せるが、悪い子には何の夢も見せない。

スコットランドには、ウィー・ウィリー・ウィンキーという眠りの妖精がいる。この妖精も、夜に寝間着のまま町を走り回って、子どもが眠っているか確認に来る。

イギリスのランカシャー地方には、ビリー・ウィンカーという眠りの妖精がいる。ウィリー・ウィンキーと似た発音であることから、なんらかの関係があることが予想されるが、どちらが先に生まれたかは不明だ。

オランダにはクラース・ヴァーク、フランスにはラ・ドルメットという眠りの妖精がいる。

040

セルキー

SELKIE

アザラシの皮をかぶった中は人間の美男美女集団

「セルキー」は、スコットランドの海に棲む種族だ。

アザラシの姿をしているが、その皮を脱ぐと、中から人間の姿が現れる。

セルキーには男も女もいるが、男はとてもハンサムで、女はとても美人だ。

セルキーの男は、人間の女性を誘惑しに来る。

特に猟師の妻のように、夫が留守がちで関係が良好でない家を選んで誘惑に現れる。

それに対してセルキーの女は、人間の男に興味はない。

だが、その美しさに、セルキーの女に魅了されてしまう人間の男は多い。

そして、人間の男にもチャンスはある。

セルキーは、海の中で部族をなして生活をしており、海岸に出たらアザラシの皮を脱ぐ。

その時に1枚でもセルキーの女が脱いだアザラシの皮を、隠してしまえばいいのだ。

そうすれば、海に帰れなくなったセルキーの女は諦めて人間の妻となる。

しかし、アザラシの皮を再び見つけてしまうと、それを着て海へと帰ってしまう。

つまり、セルキーとの間に何人もの子どもがいても安心はできない。

アザラシの皮を見つけてしまったが最後、子どもを置いて種族の元に帰ってしまうからだ。

いわゆる羽衣女房神話の一つといえるだろう。

優しい種族だが、仲間を傷つけられると仕返ししてくることも

セルキーは本来、人間を傷つけることはない。

だが、仲間を傷つけられた場合は例外だ。

仲間を傷つけた人間が乗っている船を沈めたり、嵐を起こして難破させたりする。

普段は、海中の岩礁や岩場などに部族ごとにまとまって住んでいる。

そして、太陽の照る暖かい日などに、海上に突き出た岩場などで皮を脱いでひなたぼっこをするなど、基本的には穏やかな種族だ。

だが、常に一人か二人は見張り役がいて、異変を見つけると全員に合図を送る。

そうすると全員が一斉に皮を着て、海中に逃げ出してしまう。

このようなアザラシの種族には、他にローンやシール・メイデンなどがいる。

ただ、シール・メイデンは女性のみの種族だ。

【冒険後記②】 海辺の町へ

隊商内の異種族に目を回していたら、財布を盗られた

町の武器屋に、旅の護衛を頼まれた。

いくつかの町を経由しながら、海辺の町まで行くという。

海を見たことがなかった俺は、喜んで引き受けた。

報酬は、海辺の町に着いたら半分。帰り着いたら残りの半分をもらうことになった。

海辺の町は港町。各地から様々な物が集まってくるそうだ。

武器屋も、町で作った武器を売ったり、武器の材料を仕入れたり、珍しい武器を買ったりするらしい。

武器屋の馬車で出発して、途中の町で別の商人やその護衛、同行する旅人や護衛の冒険者たちと合流し、結構大きな隊商になった。

隊商が大きいほど、モンスターに襲われにくくなるし、襲われた時にも、こっちがずいぶん有利になる。

だからこんな方法で、移動するのだそうだ。

そして、合流した商人や護衛の顔ぶれがまた興味深い。

集まってきたのは、人間ばかりじゃないってことだ。

こっちにドワーフの商人がいるかと思えば、あっちにはエルフの護衛といった具合で、いろんな種族がいる。

なぜか隊商の中に子どもがいると思ったら、ホビットだった。

それよりも驚いたのは、見慣れた町の武器屋がドワーフだったことだ。ずっとなんとなく、人間だと思っていた。

ドワーフだと思って見れば、豊かな髭も蓄えているし、背も低い。体もごつくて、確かにドワーフに違いない。

……これじゃあ、資料館の館長が、俺たちがハルピュイアとガンダルヴァを間違えるんじゃないかと、心配するのもうなずける。

ついに海辺の町へ到着した。

広い海に、大きな船。町には、さらに様々な種族がごったがえしていて、頭がクラクラする。

その一瞬の隙をつかれ、人間の盗人に財布を盗まれた。

幸い財布の中身はすっからかん。

武器屋から、片道分の報酬をもらう前だったから、被害は財布だけだが、油断も隙もありゃしない。

特に盗人が俺と同じ人間だったことに、ショックを受けた。

しょげていると雇い主の武器屋が、「どの種族にも悪人はいる」ということわざを教えてくれた。

ドラゴンは、いつから火を吐くようになったのか？

モンスターの代表といえばドラゴン（220ページ）。羽のはえた巨大なトカゲで、口からは恐ろしい高熱の火を吐く。ついでに、その巣には莫大な黄金が蓄えられているという。

このようなドラゴン像は、いつ頃生まれたのだろうか。

ドラゴンらしき存在が登場するもっとも古い資料は、紀元前4000年頃のメソポタミア文明だと考えられている。大蛇の胴体に角や脚の生えた（翼のあるものもいる）ドラゴンの印章が残っている。

また、その神話である『エヌマ・エリシュ』では、ドラゴンの姿をしたティアマトが殺されて、その肉体から天地が創られている。しかし、ティアマトに火を吐くという記述はない。

ギリシア神話で火を吐くとされるのは、テュポーンやキマイラ（184ページ）などだが、これらはドラゴンではない。逆に、ドラゴンに近いヒュドラ（228ページ）などは、火を吐くという記述は存在しないのだ。

つまり、ギリシアの時代のドラゴンは、火を吐かない。

聖書では、『ヨブ記』に登場するリヴァイアサン（232ページ）が火を吐くとされるが、リヴァイアサンは巨大な魚であって、ドラゴンではない。

ただ、火を吐くせいか、後世になるとリヴァイアサンをドラゴンのように描くことも多くなっている。

13世紀のヤコブス・デ・ウォラギネの『黄金伝説』には、何匹ものドラゴンが登場し、聖人によって倒されている。これらのドラゴンは、火を吐いたり毒を吐いたりする。

紀元前2000年頃のメソポタミア文学『ギルガメシュ叙事詩』に登場する怪物フンババ（204ページ）は、「彼の口は火を意味し、吐息はまさに死である」と死の炎を吐く記述がある。このため、最強のドラゴンも、火を吐くのが当然となっていったのかもしれない。

少なくとも、12世紀頃のドラゴンは、火を吐いている。そして、それ以降のドラゴンは、火を吐くのが普通となってしまった。

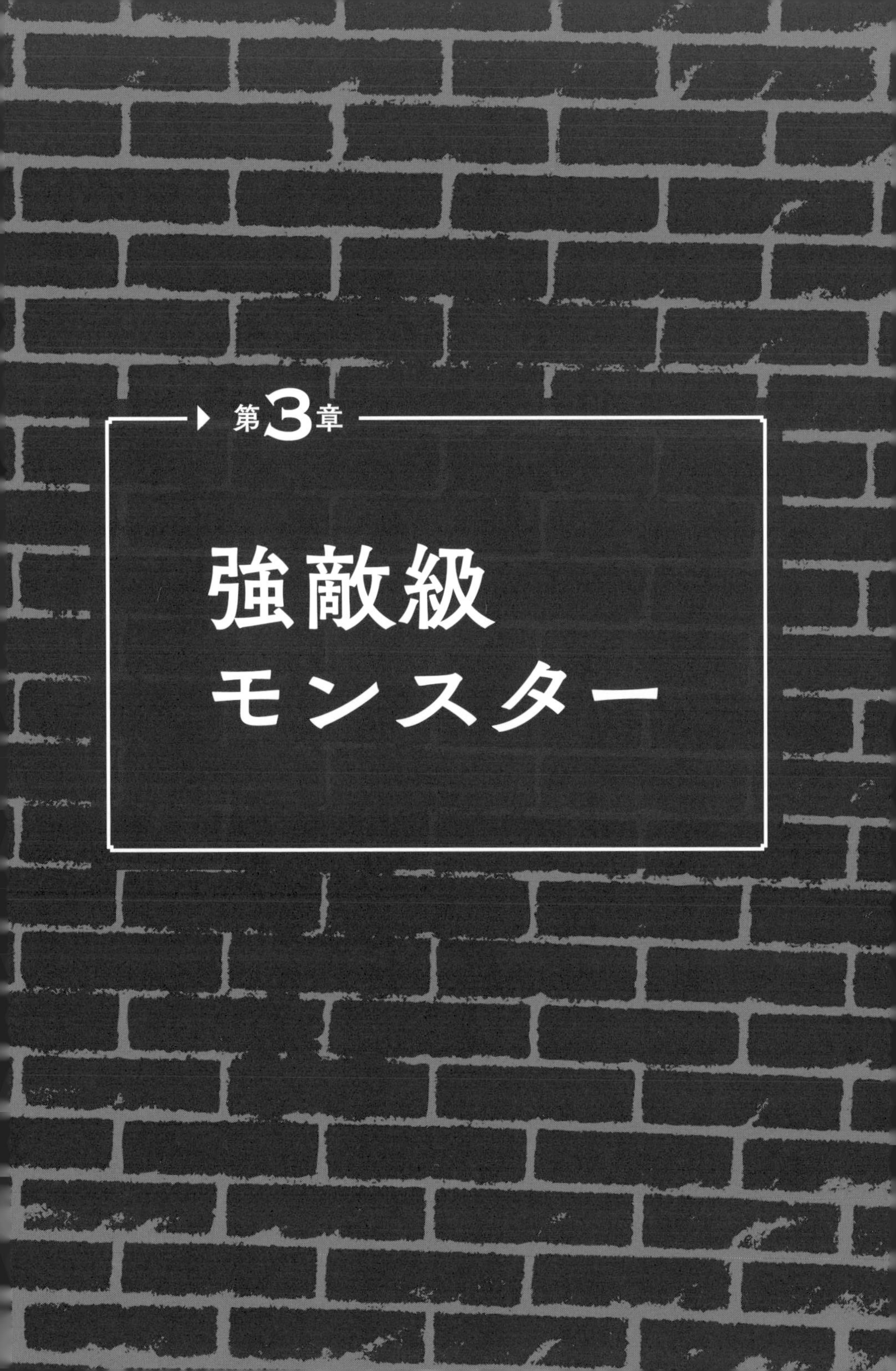

第3章

強敵級モンスター

【モンスター資料館館長からのメッセージ③】

「知能があっても、モンスターはモンスターだ」

やぁ、ひさしぶり。

君たちの活躍は、武器屋から聞いているよ。街道に出没するモンスターを、片っ端から退治しているんだってね。

なに？　町のまわりのモンスターを放置して、旅ばかりしてすまないって？

いや、そんなことを気にする必要はない。

商人たちの護衛をし、物流を護るのも大事な仕事だ。

それに君たちが活躍すれば、君たちにあこがれて冒険者になろうという者も、次々現れる。

今は君たちの後輩が、雑魚モンスターを退治してくれているよ。

それに君たちが町から離れた場所で強いモンスターを退治してくれなかったら、そのモンスターが町に近づきかねないしね。

なになに？　今までよりも強いモンスターについて教えて欲しいのか。

そうだな、君たちぐらいの実力があれば、モンスターを倒して欲しいと依頼されたり、モンスター被害対策について質問されることも多くなってくるだろう。

よろしい、今回は雑魚よりも強いモンスターについて、一通り解説しよう。

まず、町中に現れるモンスターがいる。そうしたモンスターは、人に関わることが多い。

たとえばワーウルフに殺された者がワーウルフになる。ワーウルフの場合、普段は人間のように振る舞うので、見つけるのがやっかいだ。インキュバス・サキュバスなどは、人の夢をすすりに来る。

ガーゴイルやゴーレムは、人が作ったモンスターだし、ジンは人が呼び出したモンスターだ。

この町では、勝手にガーゴイルやゴーレムを作ったり、ジンを呼び出す行為を、禁止している。

だが、ゴーレムを町の護衛にしたり、ガーゴイルを神殿の護衛にしている町もある。

なので、ゴーレムだからといって敵とは限らない。そんなモンスターを退治したら、器物破損で君たちが犯罪者だ。

もちろん、人里離れた場所に現れるモンスターなら敵とみなしてよい。

そのモンスターの中には、高い知能を持っている種族もいる。

だが、知能があるからといって、わかり合えるものではない。

ケンタウロスやナーガなど、集団行動をする知恵のある種族もいるので、その点も注意が必要だ。

伝説には、ケンタウロスの賢者の話があるが、希有な存在だから伝説になる。普通のケンタウロスはケンカ好きの暴れん坊だ。

ペガサスに乗った英雄の話もあるが、普通のペガサスは英雄をまねようとした人を上空で振り落とす。

もちろん、トロールやオーガなど、力任せに襲ってくるモンスターもいる。

「彼を知り己を知れば百戦あやうからず」とは、昔の人の言葉だが、まったくその通りだと思ってくれ。

041

ワーウルフ

WEREWOLF

古代ギリシアの高名な著述家たちも言及している恐ろしき人狼

「ワーウルフ」は、「狼男」「人狼」ともいわれる、普段は人間の姿をしているが、狼に変身することもできる怪物だ。

本来は、東ヨーロッパに住むスラブ民族の間で広まっていた伝説が発祥だ。だが、いつの間にかヨーロッパ中に広がり、現在では世界中で知られるようになった。そのため、世界各国の言語に「狼男」に相当する言葉がある。

例えばドイツ語では「ヴァラヴォルフ」、フランス語では「ル・ガルー」となる。

ワーウルフのもっとも古い記録は、古典ギリシア時代まで遡(さかのぼ)る。

ヘロドトスやプリニウスといったギリシアの高名な著述家たちが、狼に変身する人間について言及しているのだ。

ワーウルフは、普段は人間の姿をしている。しかし、なんらかのきっかけで、狼に変身するのだ。

ワーウルフの変身後は普通の狼に比べて非常に大きいが、大きさ以外は普通の狼と変わらない。伝承によっては、ワーウルフの狼は尻尾がないとか、瞳の形が人間のものだというのもある。

ただ、普通の狼でも、『シートン動物記』に登場する狼王ロボのように巨大な狼もいるので、大きいからといってワーウルフだとは限らない。

変身前、つまり**人間の時のワーウルフを見わける方法として、眉毛がつながっているとか、舌の裏側に毛が生えているとか、傷口から毛皮が見えるという話もある。**

あなたもワーウルフになれる!? 2つの方法

人間がワーウルフになる原因は、自発的になるものと、呪いによってなるものとの2つある。

まず、一つ目の自発的になるものから説明しよう。

妖術師が、裸になって狼の毛皮のベルトを着けるという方法だ。また、狼の足跡に溜まった雨水を飲むという方法もある。

妖術師の呪いによって、ワーウルフになってしまう者もいる。これが二つ目の、呪いによってワーウルフになるケースだ。

この場合、普段は普通の人間だが、一度変身すると心が悪に染まってしまい、様々な悪行を行う。だが人間に戻ると心も元に戻って、自分の悪行を思い返しては自身を責めて苦しむのだという。

ちなみに、ワーウルフでよくいわれる、「満月を見ると変身する」「ワーウルフに咬まれた人間はワーウルフになる」「銀の弾丸で死ぬ」といった話は、20世紀の映画で作られた設定だ。

それまでは、そんな設定はなかった。

だが、非常に面白く、シナリオ作りがしやすい設定なので、その後の映画や小説などで、どんどん採用され、今では狼男の定番となってしまった。

042

ヒポグリフ

HIPPOGRIFF

グリフォンとの違いは、胴体から後ろが「鷲」ではなく「馬」

「ヒポグリフ」は、グリフォンと雌馬の間に生まれたといわれる怪物だ。「ヒポ」は馬のことなので、馬＋グリフォンでヒポグリフという名前が付いた。頭から前足、翼などはグリフォンと同じ、つまり鷲だ。

だが、**胴体から後ろ足にかけては、グリフォンと違って馬だ。**

本来は、実在しない生き物として語られてきた。

そのため古代ローマの詩人ウェルギリウスの叙事詩『アエネーイス』では、万に一つもないことの表現として、「グリフォンと馬を掛け合わせる」という表現が用いられた。

この『アエネーイス』の注釈を付けたセルウィウスは、この部分にグリフォンは馬を嫌っていると説明を付けた。

これによって、「グリフォンと馬を掛け合わせる」という言葉は、「あり得ないこと」を意味する比喩として広く使われるようになった。

名高い叙事詩に登場したことでヨーロッパ教養人の常識となる

ところが、16世紀になって、アリオストが叙事詩『狂えるオルランド』において「グリフォンと馬の掛け合わせ」にヒポグリフと名前を付けて登場させる。

ヒロインのブラダマンテが、イスラムの魔術師アトランテとの一騎打ちの末に、ヒポグリフを手に入れてしまうのだ。

彼女は、恋人の主人公ルッジェーロにそれをプレゼントする。ルッジェーロはヒポグリフを愛馬（？）として、北はアイルランドから南はエチオピアまで、全世界を飛び回って大活躍する。

『狂えるオルランド』によれば、ヒポグリフとは、

この馬は想像の産物ではなく実在する。グリュプスがとある雌馬に生ませたものだからだ。毛並みと翼、前足や頭や嘴などは父に似て、そのほかはどこも母そっくりなので、ヒッポグリュプスと名がついた。ごくごくまれだが、氷に閉ざされた海のはるかかなた、リファエアの山中からやってくる。

というものだ。

『狂えるオルランド』は、ヨーロッパの教養人の古典常識であったため、ヒポグリフも教養人にとっての常識となった。

これは、創作作品のオリジナルモンスターが、いつの間にか伝説の怪物扱いされるようになった希な例といえるだろう。

043 ゴーレム

GOLEM

土くれがユダヤの聖職者に生命を与えられて動き出す

「ゴーレム」は、ユダヤ教の秘術によって作られる人造の怪物だ。

ユダヤ教にはカバラと呼ばれる秘密の魔法体系がある。そのカバラの秘法の中でもっともよく知られているのが、ゴーレムの製造だ。

ゴーレムは本来形なき土塊にすぎないが、それに生命を与えて動かすのがカバラの秘法だ。

その製法は、ラビ[1]が土をこねて人形を作り、その額にヘブライ文字で“אמת”と彫り込む。

これはラテン語アルファベットで“emeth”=「真理」を意味し、これによってゴーレムに生命が吹き込まれる。彫り込む場所は、歯の裏だという話もある。

また、**彫り込む代わりに、それを書いた羊皮紙を額に貼ったり、口の中に入れる場合もあるという。**

ゴーレムを滅ぼす時には、“אמת”の“א”を消して“מת”のみにする。

これは、ラテン語で“meth”=「死」を意味し、これによってゴーレムは滅ぶ。

口の中に入れておく方法だと、口の中に出し入れするだけでいい。

つまり必要な時だけ、紙をゴーレムの口の中に入れて動かすということもできるのだ。

昼間しかコントロールがきかず、夜になったら暴れ始める

ゴーレムを作ったラビの伝説はいくつもある。16世紀後半のユダヤ神秘思想家にして、ラビであったベザレルのそれが有名だ。

当時のユダヤ人は被差別民族であり、一般の町に住むことが許されず、ゲットー（ユダヤ人を強制的に収容した居住地域）に閉じ込められていた。

しかもユダヤ人に対して暴力を振るっても、ほとんどの場合処罰されない。このため、ユダヤ人ゲットーを襲うポグロム[2]がたびたび行われた。

プラハのゲットーでラビをしていたベザレルは、ゲットーをヨーロッパ人から守るために、ゴーレムを作り出した。ゴーレムは、夜中じゅうゲットーの周囲を見回り、敵の侵入を防いだ。

他には、面倒な高い塔の上での鐘撞き（かねつ）をゴーレムにさせたという話とか、礼拝に集まる人間の数が少ないので、ゴーレムを作って人数合わせに使ったという話まである。

ゴーレムの逸話で、一つ面白いのが、**ゴーレムは昼間しか支配できないというものだ。夜に札を外すのを忘れてしまうと、コントロール不能になったゴーレムは暴れ出す。**

このため、夜になる前に額に貼ったり口に入れたりした札を外す。

そうすると、ゴーレムは動かなくなる。

翌朝には、札を額に貼る（口に入れる）ことで、再び動き出すのだ。逸話の最後には、札を外し忘れたゴーレムが暴れ出す流れとなっている。

1　ユダヤ教の律法学者のこと。ユダヤ教における聖職者の役割を果たす。
2　ユダヤ人に対する集団テロ。テロリストは一般の住人であり、処罰されることはなかった。

044

バジリスク

BASILISK

全身毒だらけで、見た者すべてを死に追いやる蛇の王

ローマ時代の大博物学者プリニウスが書いた『博物誌』には、今考えると奇妙な生物がいくつも掲載されている。

その中でもっとも奇妙な生物が、「バジリスク」だ。

バシリスク、バジリコックと呼ばれることもある。ギリシア語のバシレウス（小さな王）からきた名前だといわれ、その名の通り蛇の王でもある。

その姿は、様々な伝承ごとに異なっている。

もっとも古いプリニウスの記述では、長さ24cmくらいの蛇で、頭に王冠のようなものが乗っている。

そして、普通の蛇なら全身をほぼ地面にピッタリ付いて進むが、バジリスクは頭を高く上げて進む。このような姿も王とみなされる一因かもしれない。

中世頃になると、蛇の姿から離れてニワトリに似てくる。トサカがあり、ニワトリのような蹴爪のある足、そして尾の部分は毒蛇だ。は虫類と鳥の中間のような姿である。

大きさもだんだんと大きくなり、牡牛サイズにまで巨大化している。

しかし、バジリスクの真の恐ろしさは大きさではない。目だ。

バジリスクに見られた者は、その視線の毒によって死ぬ。

このため、バジリスクは砂漠に棲む。

正確には、**バジリスクの棲む土地は、あらゆる生き物が死に絶えて砂漠になる。その上バジリスクが飲んだ川の水は毒におかされて飲めなくなる。**

もちろん全身も毒だらけだ。

かつて、槍で突いてバジリスクを倒した戦士がいたが、死んだバジリスクの毒が槍を伝わって戦士自身をもおかし、死んでしまったという。

バジリスクの猛毒が効かない唯一の動物とは？

ただし、バジリスクといえども無敵ではない。

イタチだけは、バジリスクの毒におかされることなく、その目を攻撃して倒すことができる。

毒が効かないどころか、イタチの臭いはバジリスクにとって毒になるという話もある。

または、イタチの毒はバジリスクに有効だが、逆も有効で、イタチとバジリスクを同じ穴に放り込むと相討ちに終わるという説もある。

また、バジリスクは雄鳥の鳴き声を聞くと、逃げ出してしまう。

このため、見知らぬ土地に行く旅人は、イタチか雄鳥を入れた籠を持ち歩くという。

バジリスクの毒の視線は、バジリスクそのものにも有効だ。

鏡によって視線を跳ね返すことができたなら、バジリスクを殺すことができる。

045

コカトリス

COCKATRICE

バジリスクと混同されがちだが、攻撃方法が決定的に違う

「コカトリス」という言葉は、聖書に由来する。

ヘブライ語聖書がラテン語に訳された時、有毒爬虫類（毒蛇など）はコッカトリスと訳された。

怪物としてのコカトリスは、雄鳥と蛇が合体したような怪物で、しばしばバジリスクと混同される。

雄がバジリスクで、雌がコカトリスだという説もある。フランス語では、コカドリーユという。

このバジリスクとの混同は、『カンタベリー物語』において、バジリスクがバジリコックという名前で登場したのが始まりといわれている。

バジリコックは、元々は、バジリスクとコッカトリスとの合体名だったのかもしれないが、バジリスクとコック（雄鳥）の合体名と考えられるようになり、その名の通り蛇と雄鳥が混じり合った怪物となった。

その姿は頭と首と足は雄鳥のもので、尻尾は蛇という怪物だ。

胴体と翼は、雄鳥説とドラゴン説がある。尻尾は、蛇の尻尾だという説と、蛇の頭がついているという説の両方がある。

コカトリスは、7才の雄鳥が産んだ卵をヒキガエルが9年温めて生まれる。

その能力はバジリスクと同じといわれることもある。**しかし、バジリスクは視線で殺すが、コカトリスは嘴（くちばし）などの攻撃で殺すという説もある。**

中世の人々は、アフリカの砂漠地帯がコカトリスの住み処だと考えており、恐れていた。

コカトリスを退治するには兵糧攻めしかない

19世紀フランスの作家ジョルジュ・サンドは、その著書『フランス田園伝説集』の「田舎の夜の幻」の章で、コカドリーユを取り上げている。

コカドリーユはいまでも古い城館の廃墟などに住んでいる。夜になると廃墟の上をさまよい、昼は泥や葦の中にひそんでいる。（中略）それが毒を吐き出す前に殺さなければそのあたりに大きな病気がまきちらされるだろうと予告する。

この本には、コカトリスの退治法も載っている。

要約すると、**コカトリスの住む場所をなくし、兵糧攻めにするのである。**

しかし、それでは飢えたコカトリスが暴れるのは防げないが、それ以外に確実な方法がないのだろう。

046

ケンタウロス

CENTAUR

弓術に優れ、高速移動しながら弓を射る

ギリシア神話には、半人半獣の種族がいくつも登場する。

その中で、もっとも名高いのが「ケンタウロス」だ。

馬の首の部分が、人間の上半身になったような姿をした種族で、腕が２本で脚が４本の、６肢ある。仮に哺乳類だと考えると不思議な生き物だ。

その出自にはいくつかの説があり、神々の女王ヘラとイクシオンの交わりによって生まれたとも、アポロンの息子ケンタウロス（これは名前であって、ケンタウロスの種族ではない）と牝馬スティビアとの間に生まれたともいわれる。

その姿からわかるように、**馬と人間の良いとこ取りをしたような種族で、馬のように脚が速く、人間並の知能がある。**

また、**弓術に優れており、高速移動しながら弓を射るので、敵に回すと手強い。**

元々は、パルティアやスキタイなど騎馬民族に出会ったギリシア人の、騎馬民族の強さへの恐れから生まれた生物と考えられている。

彼らの、まさに「人馬一体」ともいうべき技が、本当に「人馬一体」のモンスターを作り出してしまったのだ。

様々な学問に精通し、多くの英雄や神の師として慕われたケイロン

ケンタウロスは気の良いやつらが多い反面、酔っ払いで暴れ者も多い。

ネッソスなどは、野蛮なケンタウロスの典型だ。

英雄ヘラクレスの妻デイアネイラに欲情したネッソスは、ヘラクレスに彼女を乗せて河を渡ってくれと頼まれた時、引き受けたふりをして彼女を強姦しようとした。

そこで、ヘラクレスの弓で射られて殺されてしまう。

ただし、すべてのケンタウロスが粗暴で野蛮なわけではない。

ケンタウロスの賢者として知られるケイロンは、粗暴な者が多いケンタウロスの中で、例外的に様々な学問に精通した賢者だった。

アポロンから音楽や医学を、アルテミスから狩猟を学んだ。そして数々の英雄たちの家庭教師となった。

ヘラクレスの武芸を鍛えたのもケイロンとされるし、医学の神ともいわれるアスクレピオスに医学を教えたのもケイロンだ。アキレスの師となったのも、カストル（ポルックスと双子で双子座となった）の教師であったのもケイロンだ。

ケイロンは不死身だったが、ヘラクレスが射たヒュドラの毒矢に当たり、その毒によって生きている限り永遠に苦しむことになった。そこで、ゼウスに頼み、不死の力をプロメテウスに譲って死んだ。

047
ペガサス
PEGASUS

英雄しかその背に乗せない誇り高き双翼の馬

ギリシア神話に登場する双翼の馬で、その翼で空を飛ぶ。

誇り高い生き物なので、滅多にその背に乗ることはできないが、英雄として認められた者には、騎馬として仕えることもある。

ペガサスの出自は、ちょっと変わっている。

メデューサがペルセウスに首を斬られて倒された時、首から流れる血から生まれたのがペガサスだといわれている。

元々メデューサは人間であったが、ポセイドンに愛されて交わったその場所が処女神アテナの神殿だったために、アテナに呪われて怪物と化した。

だが既にメデューサは、ポセイドンの子を身籠もっていた。

メデューサが殺された時、流れた血が海に滴(したた)り、そこから生まれたのがペガサスだ。

同時に、黄金の剣を手に持った巨人クリュサオールも生まれている。

ポセイドンとメデューサの間に生まれたのに、なぜ馬の姿をしているのか。**それは、ポセイドンが馬の神でもあったからだといわれている。**

ゼウスの放った虻に尻を刺され、驚いてそのまま天に昇る

ペガサスは、幾人もの英雄の騎馬となった。

例えば、**メデューサを殺したペルセウスも、ペガサスに乗ったとされている。**

のちに妻となるアンドロメダが、海岸の岩に縛り付けられ、海の怪物の生贄とされていたのを発見し、彼女を救出した時もペガサスに乗っていた。

中でも、ペガサスを乗馬としたことで名高いのは、コリントスの英雄ベレロポーンだろう。

ベレロポーンは、一国の王プロイトスの妃に言い寄られるが断る。

妃の恨みを買ったベレロポーンは、彼女の讒言(ざんげん)によってキマイラを退治するはめになる。

キマイラ退治は絶対的に不可能なこととされていた。つまり、ベレロポーンを、体良く殺そうとしたのである。

そこで、アテナは彼の夢の中で黄金の手綱(たづな)を授けた。

これによって、ベレロポーンはペガサスを捕らえることに成功する。

ベレロポーンはペガサスに乗り、空中からキマイラの口に鉛の玉を突き入れることに成功。炎を吐こうとしたキマイラは、口の中で溶けた鉛によって身体が蝕まれて死んだ。

さらに、アマゾン族などの討伐にも成功したベレロポーンは、次第に増長し、遂にはペガサスに乗って天に昇ろうとした。

そこで、ゼウスは虻(あぶ)を送ってペガサスの尻を刺した。驚いて暴れ出したペガサスはベレロポーンを振り落として、そのまま天に昇ってペガサス座となった。

振り落とされたベレロポーンは、盲目になり、さらに足も不自由になって、荒野をさまようことになったという。ベレロポーンの末路については、発狂したという説や、死んだという説もある。

048 トロル

TROLL

国によって姿形や性質が異なり、実体がつかめない謎の種族

北欧神話に登場する巨人、もしくは小人がトロルだ。だが、トロルほどその実体がわからないものも類を見ない。

なぜなら、**伝承のトロルは、各国ごとに全く異なる姿と性質を持っているからだ。**そのサイズも、小人〜巨人まで様々だ。男のトロルはどの国でも醜いが、女のトロルは醜いという国も、美しいという国もある。

その出自にも複数の説がある。

神とされるトロル、財宝だらけの地下に住むトロル、日光に弱いトロル…

一つは、北欧神話のヨトゥン巨人の末裔だという説だ。

北欧神話の『散文エッダ』には、トロルという種族の女巨人が登場している。巨人の中でも高貴なものは神とされ、神話の中に登場するのである。逆に怪物扱いされるものがトロルだ。

もう一つは、トロルは人間サイズの種族で、最初から地下に住んでいたという説だ。

ベルグトロル（山のトロル）ともいわれ、尻尾こそあるものの、女トロルは大変美人なのだそうだ。

彼らはきちんと社会生活を営んでいる。地下の財宝を蓄えており、彼らの住居は財宝で光り輝いているという。

しかも彼らは透明になることもできて、人間の住居にこっそり忍び込むこともある。

といっても、悪さをするわけではなく、盗み聞きをしたり、音を立てて驚かせたりする程度だ。

シェットランド諸島では、トロルではなくトローと呼ばれる。

彼らは日光に弱く、太陽の光を浴びると動けなくなってしまう。死にはしないが、夜になるまで動けない。

このように様々なトロルが存在し、その姿も性質も様々だ。さらに、これらの伝承を元に、創作のトロルが作られた。

もっとも有名なトロルは、フィンランドの作家、トーベ・ヤンソンの『ムーミン』だろう。

彼らはムーミントロルと呼ばれる種族で、人間よりも小さい、愛すべき生き物だ。

もっとも恐ろしい創作のトロルは、J.R.R.トールキンが『指輪物語』に登場させたトロルだ。

当作品における最大の悪であるモルゴスがエントを模して作った種族で、緑の鱗で覆われた醜い巨人だ。

その血は黒く、人間を食う。ただ、太陽の光を浴びると、死んで石に変わってしまう。

のちに改良されて、オログ＝ハイという太陽を浴びても平気な上位種まで登場する。

049

オーガ

Ogre

外見は人間と同じだが、力が強く人間を食らう怪物

ヨーロッパ諸国における鬼、それが「オーガ」だ。神話には登場せず、民話などの伝承や口承文芸に登場する。

オーガが最初に登場するのは、12世紀フランスの騎士物語である。

その中では、フランス語で「オーグル」という言葉が人間型の人食い怪物の名称として使われていた。

これが、最初のオーガだ。

オーガは、オーグルの英語読みだが、現在ではこちらの方が広く用いられている。

伝承に登場するオーガは、髭もじゃで髪も豊か、力強い体格をしているが、外見的には人間と変わらない。

ただ、大きさは巨人サイズで、人間とは違うことが明白だ。

巨人といっても、人間よりひと回り大きいというものから、山のようなものまで、伝承によって様々だ。

だがその性質は、人間とは大きく異なる。なによりも、**オーガは人間を食う。そして、力は人間を遙かに上回っている。**

ただし、大男であるがゆえに総身に知恵が回りかね、知恵者に騙されることもよくある。女のオーガも（フランス語ではオグレスという）、男のオーガと同じく、大きくて頭が悪いことが多い。

変身能力があり、愚かな人間を陥れようと知恵をめぐらせる

おとぎ話などに登場して、お姫様をさらっていく怪物は、たいていオーガだ。

『ジャックと豆の木』で雲の上に住んでいる巨人も、『長靴をはいた猫』で騙されて鼠（ねずみ）に変身したために猫に食べられてしまう怪物も、原文ではオーガと書いてある。

どちらも、お城に住んでいることから、頭は悪いなりに城を作って城主になる程度の知恵はあるし、『長靴をはいた猫』では変身能力まであることがわかる。

女のオーガであるオグレスの例としては、『ヘンゼルとグレーテル』の鬼婆がいる。巨人ではないが、人食いの化け物であることに変わりはない。

それでも、伝承のオーガは、人間とちゃんと会話をする能力がある。

さらに、愚かな人間を陥れようとするくらいの知恵を持つ怪物として描かれている。

ところが、創作のオーガはもっと野蛮で愚かだ。

そもそも言語というものを持っていなかったり、持っていたとしても片言しか話せなかったりする。

外見的にも、服など着ていなかったり、牙があったり、人間離れした皮膚の色であったりと、明らかに人間とは異なる怪物として描かれている。

これは恐らく、**ファンタジーゲームで、ゴブリンなどよりも強いが、巨人よりは弱いくらいの人間型怪物が必要になった時、ちょうどよい怪物としてオーガが付け足されたからだ。**

050 ラミア

LAMIA

ゼウスのせいで子どもを食うおぞましい怪物になってしまった美女

ギリシア神話に登場する、女性の怪物「ラミア」。

古代においては人間の母親でありながら怪物であったが、後世になると妖女としての怪物へと変化していった。

本来、ラミアは怪物ではなかった。

リビアに住む人間の女性で、大変美しかった。だが、その美しさが徒（あだ）となった。神々の王ゼウスに見初められてしまったのだ。

彼女はゼウスと通じ、ゼウスの子を何人も産んだ。

だが、ゼウスの正妻ヘラは大変嫉妬深かった。

ラミアを決して許さず、子が生まれる度にその子を殺した。

しかも、子どもが死んだことを片時も忘れさせないように、ラミアから睡眼を奪った。

ヘラから与えられた絶望の末、ラミアは遂には他人の子どもを食う怪物に変わり果ててしまった。

そこで、ゼウスはラミアの眼を取り外せるようにしてやったというが、それは眼を外した時だけでも、ラミアを休息させるためだったという。

もっとひどい話もある。ヘラは、生まれた子を殺すのではなく、ラミアを操って、自分の子を食い殺すように仕向けたというのだ。

母親に自分の子どもを食わせるという、あまりに惨(むご)い行為をさせるなんて、ラミアが狂って怪物になっても仕方ない。

すべてはヘラのせいといえよう。いや、**ヘラにそこまで残酷なことをさせたのも、ゼウスの浮気が原因というべきかもしれない。**

子どもを食う化け物から、青年を食う化け物へと変貌!?

その頃、アフリカには、このラミアとは別のラミアがいた。人間を食う、下半身が蛇の女怪だ。

これらが混じり合って、下半身が蛇で、子どもを食う怪物としてのラミアができあがった。

古代ギリシアの母親は、子どもがいうことを聞かない時に、「悪い子は、ラミアに捕まって食べられてしまうよ」と脅した。

ところが、紀元1世紀頃から、ラミアの性質が変化する。

子どもを食う化け物から、青年を（性的に）食う化け物へと変貌したのだ。

2世紀頃の『ティアナのアポロニウスの生涯』には、アポロニウスの弟子がラミアにたぶらかされ、それをアポロニウスが救う話が書かれている。

また、デルポイの近くにラミアが出て、人間や家畜を食い荒らしたことがある。

災いから逃れるために神託を得てみると、美少年を生贄に差し出せという。

神託に従ってみると、生贄の行列を見たアルキュオネウスという勇士が美少年に惚れこんだ。

彼は、身代わりとなってラミアの元に行き、ラミアを崖から投げ落として殺してしまった。美少年の色香は、ラミアの災害すらものともしないらしい。

051 ナーガ

NAGA

7つの頭で、雨の中瞑想する釈迦の頭を守る

インド神話に登場する、上半身が人間で下半身が蛇の種族。

インドでは、全身蛇として描かれることの方が多い。

また、頭が7つのコブラとして描かれることもある。

神話の中では、人間の姿に変身することもしばしばある。

ナーガは悪魔扱いされることも多いが、一部には神として崇(あが)められることもあった。ヒンドゥー教、ジャイナ教、仏教などの経典においても、ナーガが登場することがある。

仏教のこんな逸話がある。

釈迦が瞑想している時に雨が降った。その姿を可哀想に思ったナーガが、釈迦の周囲に巻き付き、7つの頭を釈迦の上にかざして雨を防いでやったと

いう。

傲慢な王に天誅を下す

ナーガの王は何人もいるが、その中でもっとも名高いのがタクシャカで、その知恵から「狡猾なるタクシャカ」と呼ばれる。

ある時、パリークシット王が狩猟の最中、無言の行を行っている聖者に出会った。

獲物の行方を聞いた王に、聖者はなにも答えない。怒った王は、聖者の首を絞め、死んだ蛇を巻き付けて去った。

これに怒ったのが聖者の息子で、王が蛇王タクシャカに７日以内に咬み殺されるという呪いをかけた。

この呪いを知ったパリークシット王は、湖の真ん中に塔を建て、その上に宮殿を建てて、厳重な警備を敷いた。

さらに、蛇の毒にやられないように、毒を専門とする聖仙を呼んだ。

そこでタクシャカは、聖仙に王よりも多い謝礼を出して、王の依頼を断ってもらった。

そして、配下のナーガを流浪の僧に変身させ、果物を王のもとに献上させた。

タクシャカは果物に巣くう虫に変身して、その中に紛れ込んだ。タクシャカが潜む果物は、王へと運ばれていった。

王は僧侶の持ってきた果物を食べようとして切ると、中から小さな虫が出てきた。

王は「間もなく７日が過ぎる。聖者の呪いは私になんの効果も及ぼさなかった。今さら何か起こるとしたら、この虫に咬まれるくらいだろう」と言った。

タクシャカはその言葉を聞くと、虫から巨大な赤い蛇へと戻り、王の首筋に噛み付いた。

そして、赤い線のように天界へと戻っていった。もちろん、噛み付かれた王は、毒によって即死した。

052

レイス

WRAITH

魔術師が幽体離脱をし、自分の体に戻れなくなった姿!?

スコットランド地方で、幽霊を意味する言葉が「レイス」だ。

少なくとも、16世紀にはレイスという言葉が幽霊の意味で使われていることが確認されている。

レイスは他の意味で使われることもある。

死に際の人間が見る、自分そっくりの姿をしたなにかをレイスと呼ぶのだ。その姿を見てしまうと、人間は命を失う。

逆に、間もなく死ぬ人間がレイスとなって、親しい人に姿を見せるということもある。

また、**魔術師が幽体離脱をしたあとで、自分自身の肉体に戻れなくなった状態をレイスということもある。**

いずれの場合でも、レイスに実体はないとされる。

トールキンの作ったレイスと伝統的レイスの違い

レイスはあくまでもスコットランドの伝承であって、それほど有名な怪物ではなかった。

ところが、**J.R.R.トールキンが『指輪物語』の中で、重要な敵として「指輪の幽鬼（リングレイス）」を登場させた。**

これによって、レイスという怪物が一挙に知名度を上げ、多くのファンタジーファンに知られるようになった。

ところが、困ったことにトールキンの作ったレイスは、伝統的なスコットランドのレイスと異なっていた。

というのは、指輪の幽鬼はサウロンから力の指輪をもらい寿命を延ばしてもらった人間だったからだ。

つまり、**トールキンが作ったレイスは、指輪の幽鬼となった時には実体を持った存在であり、実体のない伝統的レイスと異なっていた。**

しかし彼らは、指輪の力によって命を無理やり引き延ばされたため、次第に姿が薄くなっていった。トールキンのレイスは鎧を着て、マントをかぶっているので、外見上は実体を失っているようには見えなかった。だが、倒された幽鬼を見てみると、鎧の中は空っぽだった。

トールキンは、他にも、アンデッドの怪物を出している。それが「ボローワイト」だ。ボローとは古墳のことで、ワイトとは人間のことを指す。

日本語訳では「塚人」と訳されている。

彼らは、本当は邪悪な国の死霊であるが、古代の人々の亡骸に入り込んで動いている。つまり、アンデッドの一種なのだ。

その姿は、乾ききった死体であり、当然体温などなく非常に冷たい。

トールキンの影響はここでも絶大で、乾いた死体が動くアンデッドの化け物は、様々なファンタジー作品でワイトと呼ばれるようになった。

昔からの伝統だと思い込んでいる人も多いが、ワイトというアンデッドは、20世紀後半に創作されたものなのだ。

053 グール

GHOUL

死体を食らうのが至高の悦び

アラビアの伝承に登場する屍肉喰らいの怪物。

アラビアの伝承の集大成とも言える『千夜一夜物語』にも、「グール」の逸話がいくつも収録されている。

屍肉喰らいといっても、言葉もちゃんと話せるし、知性もある。

グールはグール同士で、きちんと社会生活を営んでいる。

男女の区別もちゃんとあり、男をグール、女をグーラーという。

グールは、古くなった死体と同じような乾いて変色した皮膚を持ち、裂けた口から牙が見えるという、お世辞にも美しいとは言えない生き物だ。

だがグーラーは大変な美女揃いだ。死体なので血色が悪く、白すぎる皮膚であることが目立つくらいで、それ以外は人間の女と変わらない。ちょっと化粧などすれば、全くわからなくなるだろう。

この外見の違いから、捕食行動には違いがある。

グールは、その強力な牙などを使って、人間を食べる。彼らの武器は、外見ではわからない。その肉体のうちにあるのだ。

そして、グーラーは青年たちを誘惑し、気を抜いて隙を見せたところを食べる。彼らにとっての至高の快楽は、死体を食うことなのだ。

グールは、死体を食べるために墓場に住むことが多い（イスラムでは、宗教上の理由から土葬を行う）。

しかし、荒れ地や森、洞窟など、人のあまり来ないところに住むグールもいる。

実は、グールの肉体は人間の死体だという。その死体に、ジン（132ページ）が入り込んで、グールなりグーラーなりになるといわれている。

頭は犬、脚には蹄があるグールも登場

だが、クトゥルフ神話の登場によって、グールのイメージも大きく変わった。

H.P.ラヴクラフトが書いた『ピックマンのモデル』にグールは登場する。

屍肉喰いであることには変わりないが、グールという種族になっている。

そして、**その姿も人間とは異なり、頭は犬のようで、脚には蹄がある。**

さらに、グールと長い間生活を共にしていた人間は、グールに変化してしまう。

また、他の作品では、グールは現世とドリームランド（幻夢境）を行き来することができると書かれている。

人間とは出身世界すら異なる異種族として描写されているが、人間はグールになれるのだ。

現在のファンタジー創作では、伝統的グールにラヴクラフトのグールのテイストが少し混じったような怪物が登場することが多い。

054

イエティ

Yeti

寒いところを自在に動き回って人間を襲う「ヒマラヤの雪男」

人間にとって寒さは、生存を脅かす最大の敵だ。中世以前、凍死は死亡原因の上位にあったほどだ。

そのためか、寒いところで自在に動き回って人間を襲う怪物の話は、世界各地に存在する。

その中でもっとも有名なのが、ヒマラヤ山脈に棲息（せいそく）するといわれる「イエティ」だ。俗に「ヒマラヤの雪男」と呼ばれている。

イエティは、現代でもその存在を信じる人がいる。

このように、完全に神話や創作の存在ではなく、実際にいる可能性はあるが未確認である生物を、英語でCryptid、和製英語でUMA（ユーマ）という。

このような未確認生物を研究する学問を隠遁生物学というが、ネス湖のネッシーや、ロッキー山脈のビッグフットなどがその対象だ。

イエティも、その一つだ。

未確認生物の実在が確認されたこともあるが、その多くは他の生き物の誤認だ。もちろん、ほとんどがいまだに謎のままだ。

イエティの正体はヒグマ!?

イエティは、昔からヒマラヤ山渓のシェルパ族の中で伝えられてきた謎の生き物だ。

小さいものから順に「イェー＝テー」「メー＝テー」「ズ＝テー」と呼ばれる。

ただ、現地の人々は、それを類人猿だと考えたわけではない。

そもそも、現地の人々はゴリラなど他の類人猿を見たことがないため、比較のしようがないのだ。

直立して、毛むくじゃらの巨大な生物とだけ伝えられていた。

ヒマラヤ登山を目指してこの地に来たヨーロッパ人が、イエティの姿形を伝え聞いて、巨大な未確認の類人猿、もしくは猿人ではないかと考えた。

彼らは、メー＝テーやズ＝テーは大き過ぎて信憑性に欠けると考えたのか、もっとも小さく2～2.5mくらいといわれるイェー＝テーをヨーロッパに広めた。

それからヨーロッパでは、イエティもしくはヒマラヤの雪男として有名になり、人々の興味を引くようになった。

20世紀の半ば頃、世界最高峰を登ることよりもUMAを発見する方が人々の関心を引き、資金も集まりやすかったため、ヒマラヤ登山隊の多くは、イエティの発見を目的の一つに挙げていた。

UMA愛好家にとって残念なことではあるが、イエティの足跡といわれているものは、他の生物の足跡の可能性が極めて高い。

その上、シェルパ族にヒグマの写真を見せたところ、イエティだと語った。

055 ジン

JINN

預言者ムハンマドが存在を認め、コーランにも記述のある精霊

アラブの砂漠に住むという精霊。

遙か昔から、「ジン」の存在はアラブ人に信じられてきた。

どんな土地にもジンがいて、その土地の守護者とされていた。

ジンは、土地の精霊だったのだ。悪しきジンも善良なるジンも存在するとされるが、**いずれにせよ気まぐれで信頼できないという。**

通常なら、新しい信仰が現れ、古き精霊は忘れられる。

だが、アラブ人に広まったイスラム教は、ジンの存在を否定しなかった。イスラム教の開祖ムハンマドは、グールの存在は否定したが、ジンの存在を否定しなかったからだ。

それどころか、コーランでも、わざわざ１章を割いてジンについて書いている。

このため、イスラム教が盛んになって以降も、ジンについて様々な議論がなされた。イスラム法学者の間でも、ジンは何者でどのように扱うべきか、様々な議論が行われた。

イスラム教では、最初の人間アーダムが作られる2000年以上前に、アッラーが「煙なき炎」からジンを作ったとされる。

このため、**ジンの肉体は炎や蒸気でできており、血管には炎が流れている。そして、死ぬと燃え尽きて灰になってしまうという。**

時代が進むと、土地に縛られた土地の精霊としてのジンから、いつでもどこにでも行けるジンへと変化を遂げた。

ムハンマドは、人間とジンとの両方に遣わされた預言者だとされる。

つまり、ジンにも人間と同じようにイスラム教徒や異教徒とがいるとされる。当然、イスラム教を信じたジンは、アッラーによって救われるのだ

アラビアではなくヨーロッパで作られた『アラジンと魔法のランプ』

ジンの姿は様々だ。

通常は実体がなく、煙のようになって現れ、実際の肉体（巨人であることが多い）を取るという例が多い。

ランプの魔神などは、その好例だ。他にも、狛犬のような顔の鬼とか、美青年や美女、蛇などの獣になることもあったという。

アラブでは男性のジンをジンニー、女性のジンをジンニーヤーというが、ヨーロッパ圏では、男女ともジェニーとかジーニーといわれる。

日本でも放映されたTVコメディー『かわいい魔女ジニー』の主役が、アラビア風の魔女ジニーなのも、このためだ。

だがもっとも有名なジンといえば、『アラジンと魔法のランプ』のランプの魔神だろう。

ランプの魔神は、持ち主の願いを叶えることができ、主人公のアラジンは、その力で帝王の娘と結婚する。

ただ、**最近の研究では、『アラジンと魔法のランプ』は、ヨーロッパでアラビア風の物語として創作され、『千夜一夜物語』に入れられたものだとわかってきた。**

056
イフリート

IFRIT

悪辣で強大な力を持つが、頭は良くない煙の魔神

アラブの炎の精霊。女の「イフリート」は、「イフリータ」という。

元々は、ジンの中でも強大かつ悪辣な存在をイフリートといったようだ。その強さから、魔神と呼ばれることが多い。

ジンが炎でできているのに対し、イフリートは煙でできている。

イフリートを斬ると、傷口からは煙と蒸気が吹き出す。

強力なイフリートは、魔法使いにとってもっとも素晴らしい従者となる。

このため、魔法使いはジンの中でもイフリートを選んで従えようとする。

このためか、『アラジンと魔法のランプ』のランプの魔神も、イフリートであるという説が有力だ。

だが、イフリートは肉体的・魔法的には大変強力ではあるものの、あまり頭は良くない。
『千夜一夜物語』の第3夜『漁師と魔神の物語』でのイフリートの逸話がある。

魔神は、スライマン王（ソロモン王[1]のこと）によって真鍮の壺に封印されて海中に捨てられた。

最初の100年は、封印を解いてくれたものを金持ちにしてやろうと考え、次の100年は大地の宝庫を開いてやろうと考えた。

だが、1800年も経つうちに、封印を解いたものを殺してやろうと考えるようになった。

そんな時に壺を海中から拾って開けてしまった漁師は、それを聞いて驚き、自分の不幸を呪った。

だが、そこで漁師は知恵を働かせた。

魔神に「あなたの手も入らぬような、この壺にどうして入りこんだのですか」と聞いたのだ。

すると魔神は「簡単なことさ」と言って、煙と化して壺に入った。その瞬間に、漁師は再び封をしてしまった。

アッラーの命に背いて、天界から追放され悪魔と化す

イスラム教では、イフリートはイブリースのことだと考えられている。

イブリースは、キリスト教におけるルシファーに相当する。

アッラーが土からアダームを作り、天使にアダームに跪(ひざまず)くよう命じた時、イブリースだけは、「自分は、火から作られたため、土から作られた人間よりも優れている」と跪くのを拒否した。

これによってアッラーに天界から追放され、悪魔へと姿を変えた。

このため、イブリースは火の悪魔とされる。

これらの伝承が合わさって、現代の小説やゲームなどでは、イフリートを炎の魔神、炎の精霊とするようになった。

1　紀元前10世紀頃の古代イスラエル王とされる。大変な知恵者で、後世には72の悪魔を使役したといわれるようになった。

057

インキュバス・サキュバス

INCUBUS SUCCUBUS

不倫の言い訳に使われることもあった人間を妊娠させる淫魔

ヨーロッパの伝承に伝わる夢魔にして淫魔。

元々はローマ神話に登場する魔物だったが、キリスト教にも取り入れられ、悪魔の一種とされるようになった。

区別としては、「インキュバス」は男性型で、「サキュバス」は女性型だ。これは、ラテン語のインクボ（上に乗る）とスクボ（下に寝る）からきていて[1]、上からのしかかる男性の淫魔と、下に寝る女性の淫魔を表している。

擦(す)れた現代人の目で見ると、正常位で性交を行うとは、淫魔も結構まじめだ。

人間を性的に誘惑する魔物なので、当然ながらインキュバスもサキュバスも非常に美しく、性的魅力に溢れている。

このため、様々な芸術作品にも登場している。ただしこれは幻であって、本当のサキュバスは大変醜いという説もある。

実はインキュバスとサキュバスは、同一の存在だという説もある。

同じ淫魔が、男性のところに行く時にはサキュバスに変身してその精液を得て、女性のところに行く時にはインキュバスに変身して、体内に蓄えておいた精液で女性を妊娠させるのだ。

つまり、インキュバスに妊娠させられてもそれは悪魔の子ではなく（サキュバスに誘惑された意志の弱い人間かもしれないが）、人間の子どもだという。

これは、**時には不倫の言い訳に使われ、父親不明の子どもを産んでしまった女性が、インキュバスの仕業にしてごまかすこともあったという。**

アダムの最初の妻リリスは、サキュバスの女王!?

キリスト教においても、インキュバス・サキュバスは、その淫猥（いんわい）さによって、主要な悪魔であった。

５世紀のキリスト教神学者のアウグスティヌスはその著書『神の国』において、ローマ神話のファウヌス[2]やシルウァヌス[3]をインキュバスだと主張している。

これは、ローマ人がローマ神話を否定して、キリスト教に帰依（きえ）するようにという意味で唱えられた説かもしれない。

また、**悪魔学においては、アダムの最初の妻であったとされるリリスが、サキュバスの女王であるとされる。**

サキュバスとは、リリスの娘たちだという。

1　スクボからスクバ（愛人）という言葉ができ、そのスクバからスクブス（英語のサキュバス）が生まれたという説もある。
2　ギリシア神話の、下半身が山羊の牧羊神パーンに等しい。好色で性豪として知られ、しばしばペニスを勃起させた神像が作られる。
3　ローマ神話の森の精霊。

058

スプリガン

SPRIGGAN

妖精に無礼を働く者を縛って捕らえる妖精界の警察

イギリス南西部のコーンウォール地方の伝承に登場する妖精。

醜くてずんぐりした男性で、ドワーフにも似ている。

古い城跡や塚、妖精の丘やストーンサークルなどを守っている。

妖精を捕まえたり、宝を盗もうとしたり、無礼なことをしたりする不届き者がいるとすぐさま現れ、不届き者をふん縛って捕らえる。

つまり、妖精の守護者にあたるのが「スプリガン」だ。

普段は小柄だが、自分の大きさを自由に変えることができ、戦いになると巨人のように大きくなることができる。

これは、スプリガンが、かつてブリトン族に殺された巨人たちの亡霊だからだという。

いざという時には、かつての姿を思い出して大きくなれるのだ。

ある伝承説話では、年老いた笛吹きの妖精を、大声で侮辱した盗賊の前にスプリガンが現れる。

最初は貧弱な小人として現れるが、盗賊が反省しないと、スプリガンは段々と巨大化し恐ろしげな外見へと変貌していく。

妖精に悪いことをしたら、早めに謝っておく方が正解だ。

人間が恐怖にさいなまれる姿を見て楽しむイヤな性格

スプリガンは、邪悪な怪物ではないものの、人間に悪事を働くことも多い。人を病気にしたり怪我をさせたりする。

ただ、**スプリガンは直接人間に危害を加えるというよりも、人間が恐怖にさいなまれる姿を見て楽しむ傾向がある。**

他にも、人間の物を盗んだり、家畜を連れて行ったり、悪天候をもたらして作物を枯らせたり、麦が実ったばかりの畑に旋風を巻き起こして麦の穂を吹っ飛ばしたりと、ありとあらゆる悪さをする。

また、人間の赤ん坊をさらって、代わりに自分たちの醜い赤ん坊を置いていくこともある。

妖精を退散させる方法に、下着を裏返しに着るという手まじないがある。

スプリガンたちが、盗みをして、その得物を見せびらかす場として、とある老婆の家を使っていた。

スプリガンは、場所代として毎回硬貨を１枚ずつ置いていった。

欲張りな婆さんは、スプリガンの宝を全部奪おうとして、下着を裏返しに着た。

スプリガンたちは、それを見て、宝をそのままに逃げ出した。

だが、最後の１人のスプリガンが、老婆の衣類に呪いをかけた。

老婆は金持ちになったが、肌着を着ると苦しむようになったという。

059

姑獲鳥

UBUME

他人の子どもを奪って育てるのが好きな中国の怪鳥

姑獲鳥(こかくちょう)は、中国の伝承に伝えられる怪鳥だ。

見た目と鳴き声が鷗(かもめ)に似ている。西晋時代の『玄中記(げんちゅうき)』や、明代の『本草綱目(ほんぞうこうもく)』などにも記述がある。

日本でも、『和漢三才図会(わかんさんさいずえ)』に記述があるが、そこでは「姑獲鳥」は「うぶめどり」と読み、別名として「夜行遊女」「天帝少女」「乳母鳥」「譩譆」「無辜鳥」「隠飛」「鬼鳥」「鉤鳥」などの別名が書かれている。

『和漢三才図会』によると、姑獲鳥は鬼神の類だという。

雄はおらず、雌だけの種族だ。

羽毛が生えている時は鳥であり、抜けると女人の姿となる。妊婦が死んだあとに姑獲鳥へと変化する。そのため胸には乳をやるための乳房が二つある。

人の魂魄を奪い取ることができ、他人の子どもを奪って育てるのが好きだ。

子どものいる家では、夜に子どもの衣服を干していると、姑獲鳥がやって来る。そして、自らの血で服に印をつけるのだ。

すると、子どもは無辜疳という病気に罹る。

主に7、8月の夜、特に小雨の降る夜に現れるが、姑獲鳥が現れるところには、必ず燐火が光っているという。

血に染まった腰巻きを巻き付け、他人の赤ん坊を奪う

日本では、姑獲鳥は産女という妊娠中に子を産めないまま死んだ女がなる化け物と同一視された。

そのため姑獲鳥を「うぶめ」と読むようになった。

産女になることを恐れ、妊娠中の女性が死んだ場合、腹を割いて、赤子を取り出し、死体に抱かせて埋葬するという習俗もある。

しかし一度産女になると、血で染まった腰巻きを巻き付けた女の姿になり、他人の赤ん坊を奪うという。

中国では、少し違う伝承もある。

晋の時代、田の中に7人の娘がいるのを見た男が、こっそりと近寄っていった。

そして、1人の娘が脱いでいた羽毛の衣を隠しておいて、娘たちの前に現れた。6人の娘は羽毛の衣を着て、鳥に変化して逃げたが、衣を隠された娘だけは逃げることができず、男の妻になった。

女は娘を3人産むと、娘たちに衣の場所を探し出させた。衣を見つけると、女は衣を着て鳥に変化して逃げ出した。

そのあと女は戻ってくると、持ってきた3着の衣を3人の娘にも着せ、4人で鳥となって飛んでいってしまったという。

どちらかというと、羽衣伝説に近い物語となっている。

ここでは、姑獲鳥は化け物ではなく、天女に近いものとして描写されている。

【冒険後記③】　様々な依頼

モンスターの生け捕りは、退治するより難しい

最近は、町を離れることが、多くなってきた。

町や人里に戻れば、待ってましたとばかりに、モンスター退治を依頼されたり、怪事件について相談されたりするようになった。

最初の頃はすんなり引き受けて、なんとかなるだろうと、下調べ抜きで現場に飛び込んだ。

結果はご想像の通り。

ぼろぼろになって、なんとか生還した。

それからは、事前調査をしっかりやってから、現場に挑むことにした。

モンスターの資料もせっせと漁ったし、現地の調査もしたし、それにもとづいて作戦も練った。

すると、結果も目に見えて違ってきた。

つまり、うまくいくようになってきたのだ。

そういえば依頼の中には、モンスターを生け捕りにしてくれ、なんてのもある。

生け捕りは、退治よりもずっと難しい。

しかもその目的が、モンスターをペットにして自慢したいだとか、見世物にして儲けたいだとか、使役したい、とかだ。

モンスターは、おとなしくペットにならない。見世物にするには危険過ぎる。いうことも聞かない。

だからこそのモンスターだ。

一見、無害で人にも慣れそうな小型モンスターであっても、災いをもたらすことがある。

だから、この町はモンスターの持ち込みを禁止している。

珍しいペットが欲しいなら、異国の動物がおすすめだ。

見世物のモンスターは、作り物と決まっている。

モンスターを使役するなら、まずスライムがいうことを聞くかどうか、やってみてからにして欲しい。

でなきゃ、モンスターを連れ込んでもよい町に引っ越してからにしてくれ。そんな町があるのなら、だが。

そんなこんなを、資料館の館長に愚痴ったら、館長は微笑みながらこう言った。

「君が、モンスターをペットにしたいと言ってきた日のことを、思い出したよ」

なぜモンスターを倒すと、お金や財宝が手に入るのか?

ゲームなどでは、モンスターを倒すとお金が儲かる。物語でも、モンスターの巣などには財宝があったりする。

神話などでも、これは同じなのだろうか。

実際のところ、野生のモンスターを倒しても、その巣を漁(あさ)っても、お宝が手に入るという話は、神話にはない。民間伝承でも、モンスターを倒してお宝を得るという話はそれほど多くない。

では、怪物を倒してお宝を得る話はないのか。そんなことはない。

まずは、神々により守護者とされたモンスターだ。

ギリシア神話のラドン(192ページ)は、「黄金の林檎」を守るために守護者として配置されている。その強さは、英雄ヘラクレスをして直接対決を避けさせるほどだ。

ヘラクレスは、代わりに巨人アトラスに頼んで、黄金の林檎を取ってきてもらう。ただし、アトラスがどうやって林檎を手に入れたのかは、一切記述がないので謎のままだ。

このように、神々がお宝の守護者としてモンスターを配した場合、そのモンスターを倒せばお宝が手に入るわけだ。モンスターは、神の試練として登場することになる。

また、数はあまり多くないが、野生の怪物を退治してお宝を得る話もある。

ただ、野生のモンスターがお宝を抱えているというのは、やはり不自然なのだろう。人語を解し、話ができるようなモンスターが、その本拠地にお宝を蓄えているという話なら、あり得るのだ。

代表例として、我々にもおなじみの『桃太郎』がある。

人々からお宝を奪っていた鬼を退治したから、財宝を得ることができるわけで、ちゃんとお宝の存在する理由がある。

また、イギリスの民話『ジャックと豆の木』のように、知恵のあるジャックが雲の上にある鬼の城から金貨や銀貨、さらには金の卵を産む鶏を盗んでくるという話もある。

ただ、やはり、物語はゲームほど都合良くはいかないものらしい。

第4章

小ボス級モンスター

【モンスター資料館館長からのメッセージ④】

「冒険は、生還するまでが冒険なんだ」

モンスターは、組織を作ることができるのか？　かね？

答えは「YES」でもあり「NO」でもある。

正直にいえば、そのあたりの研究は進んでいない。

なにしろ鶏や猿の群れの観察と違い、長期間ボスがいるモンスター集団を観察することは、困難だからだ。

冒険者たちからの報告を合わせると、１匹のボスモンスターと、その影響下にある複数のモンスターというパターンは、確かにある。

猿山の猿とボス猿のようにな。

だが、猿はボスでも猿にすぎない。モンスターの場合も猿同様、同種の中から能力の秀でた１匹がボスになるケースもある。

が、ホブゴブリンとゴブリンのように、近いながらも別種のモンスターがボスモンスターになることもあるし、まるで違う種が他種集団のボスモンスターになることもある。

ただそれが、どこまで組織的なものなのかは、わからない。

ボスモンスターが、他のモンスターを手下にしているように見えることもあるし、使役しているように見えることもある。

逆に、モンスター集団がボスモンスターを、用心棒として囲っているように見えることもあるらしい。

まあ、ボスモンスターの方が、モンスター集団よりは、大きくて、強く、凶暴という点は、だいたい共通しているがな。

ボスモンスターを倒すと、残ったモンスター集団が逃げ出したケースはいくつかあるが、その逆はほとんどないからね。

そしてモンスター集団をけちらして、ボスモンスターを倒しても、時間がたてば、モンスター集団とボスモンスターも、再び現れる。町の周辺の雑魚モンスターが、倒しても倒しても湧いてくるのと同じようにだ。

倒したモンスターが復活したのか？　他の地域から空白になった地域にモンスターが移動してくるのか？　は、わからない。

復活したモンスターは、以前と同じ種族であることもあれば、違うこともある。ボスだけ、あるいは手下だけ違うこともあるようだ。

世の中、どうなっているのか、まだまだわからないことだらけだ。

そして冒険者は、皆生還できるとは限らない、

私が知っている冒険者にも、遠くへ行ってしまったのか、死んでしまったのか、わからない者が大勢いる。

もしかすると、高度に組織化されたモンスターがどこかにいて、そのモンスターと遭遇した冒険者は、生きて帰ることができなかった、という可能性だってあるのだ。

…………。

さて、とりあえず君たちには、今まで帰還した冒険者が報告してくれた、ボスモンスターを紹介しておこう。

そして生きて帰り、また冒険の話を聞かせてくれたまえ。

生還するまでが冒険だからね。

060

サイクロプスとヘカトンケイル

CYCLOPS HECATONCHEIR

最終戦争ティターノマキアで神々に勝利をもたらした巨人たち

「サイクロプス」は、ギリシア神話に登場する単眼の巨人。

ギリシア語では「丸い目」を意味する、キュクロープスと発音する。

異形ではあるものの、彼らは怪物ではない。

『神統記』によれば、天空神ウラヌスと地母神ガイアとの間に生まれたブロンテース（雷鳴）、ステロペース（雷光）、アルゲース（稲妻）の三兄弟であった。れっきとした神の系譜だ。

しかし、父ウラヌスは彼らを愛さなかった。父は息子たちを縛り付けてタルタロス[1]へと放り込んでしまった。

実は、「ヘカトンケイル」[2]もウラヌスとガイアの子どもであるが、同じ目に遭っている。

ガイアは、彼らを助けようと息子のクロノスにウラヌスの生殖器を切り取らせて、その地位を奪わせた。だがクロノスも、父同様、異形の巨人たちを解放しなかった。

そこで、ガイアは今度はクロノスの息子であるゼウスに、クロノスを打倒させようとした。これが、クロノスの世代のティターン神族対ゼウスの世代のオリュムポス神族の、ティターノマキア（ティターン戦争）だ。

この戦いの勝敗はなかなかつかず、10年も続いた。そこでガイアはゼウスに、タルタロスに幽閉された巨人の力を借りれば、クロノスを打倒できると言った。これを聞いたゼウスは、巨人たちをタルタロスから解放した。

巨人たちは大いに戦いの役に立った。彼らは鍛冶に長けており、ゼウスたちのために強力な武器を作り出した。

最高神ゼウスの武器である雷霆（らいてい）、ポセイドンの三つ叉の槍、ハデスの姿消しの帽子など、伝説の武器が彼らによって作られた。

これらの武器の威力もあって、ゼウスたちは無事戦いの勝利を収めた。

戦後は退化し、人間を見つけては殴って食う蛮族に成り果てる

勝利のあと、サイクロプスたちはシチリア島のエトナ火山の地下に工房を作り、鍛冶師として暮らした。

ちなみに、ヘカトンケイルはタルタロスに戻り、捕らえられたティターン神族を見張ることになった。

だが後世になると、サイクロプスたちは退化してしまう。

ホメロスの『オデュッセイア』によると、働かず食っちゃ寝するだけでなく、人間を見つけてはぶん殴って食ってしまう蛮族と成り果てていた。

そして、最期はオデュッセウスの知恵にやられてしまう。

後世のサイクロプスは、まさにゲームに登場するような怪物に成り下がってしまったのである。

1　ギリシア神話における地獄。
2　ギリシア神話における百手巨人。肩の上には、50の首がある。

061

アルゴス

ARGUS

百の目を持ち、決して眠らない死角ゼロの巨人

ギリシア神話に登場する百の目を持つ巨人。

ギリシア語では「輝き」を意味する。

パノプテース（すべてを見る者）という別名もあるが、これはその百の目から呼ばれるようになった名前だろう。

百の目がどこにあるかだが、これには２つの説がある。『変身物語』によると、頭に百の目があるが、『イリアス』では全身に百の目が散らばっているという。

また、その出自にも多くの説がある。

アルゴスの建国王アルゴスの孫アーゲノールの子であるという説。河の神イナコスの子であるという説。アレストールの子であるという説。アルゴス王と、河の神アソポスの娘イスメーネーの間にできた子であるという説。大地から生じた（つまりガイアが１人で産んだ）説など、数多くの説があって定めがたい。

アルゴスの最大の特徴は、眠らないことだ。

百の目のうち、常に２つずつ眠っており、他の目は起きている。しかも、その目で全方向を見張っているので、死角もない。

ゼウスの浮気相手を見張っている最中、ヘルメスに石を投げられ殺される

アルゴスは、元は土着の神だったと考えられている。

その最大の活躍は、神々の女王ヘラの命を受けて、雌牛に変身したイオの見張りをしたことだ。

浮気者のゼウスは、美少女イオと浮気をしていたのだが、ヘラにばれそうになって、イオを雌牛に変えてごまかそうとした。

ヘラはそれに気づいていて、雌牛を渡すようゼウスに言った。

そして、その雌牛の見張りをアルゴスに命じたのだ。

困ったゼウスは、ヘルメス[1]にヘラの手に渡ってしまった雌牛を盗ませようとした。

しかし、百の目を持ち、眠ることのないアルゴスの見張りをごまかすことはできなかった。

そこでヘルメスは遠くから石を投げて、アルゴスを殺した。

別の説では、羊飼いに化け、お話をしてアルゴスを眠らせ、その隙に首を落としたともいう。

ヘラは、殺されたアルゴスを哀れに思ったのか、その目をクジャクの羽に飾ることにした。

そのため、クジャクの羽には今でも目の模様が描かれているのだという。

1　ギリシア神話の神々の伝令。旅人や商人の守護神でもある。

062

ヘルハウンド

HELLHOUND

赤い目をした全身真っ黒の巨大な地獄の犬

「ヘルハウンド」は、イギリスの伝承に登場する地獄の犬だ。

地方ごとに呼び名が異なり、「ブラック・ドッグ」「ブラック・シャク」「バーゲスト」「マーザ・ドゥー」「クーン・アンヌーン」など様々だ。

妖精だという説も存在するが、基本的には悪魔もしくはその眷属（けんぞく）とされる。

共通しているのは、**全身が真っ黒の巨大な犬で、赤い目をしている点だ。だが、その赤さも、血の赤さであるとか、赤熱した石炭の赤さであるとか、様々に異なる。**

稲妻のように速く走り、巨大な牙と爪で獲物を引き裂く。さらに、口から硫黄の臭いをさせて火を吐く。ここまではどの地域も共通している。

だが、それ以外となると、地方によって大きく違う。

なぜ人間では退治できないのか？

ブラック・ドッグは、雷鳴と共に十字路や刑場[1]に現れる。

ブラック・シャクは、円盤のように大きくて丸く赤い一つ目の黒犬だ。その吠え声で、人の血を凍らせる。また、その足音は全くしない。

バーゲストは、巨大な牙と爪を持つ黒犬だが、幽霊だ。

そのためか、名士が死ぬ時には必ずバーゲストが現れ、その地の犬と共に遠吠えをあげる。

マーザ・ドゥーの目の赤さは、燃える石炭だ。だが、マーザ・ドゥーには、人を助けたというこんな逸話もある。

ある時、出航の日だというのに、船長が来ない。

どうしたのだろうと出航できずにいると、突風が吹き荒れはじめ、大きな嵐が襲ってきた。

出港していたら、遭難していたにちがいない。

そこに船長がやってきた。船長に話を聞くと、道をマーザ・ドゥーが塞(ふさ)いでいて通れなかったのだという。

マーザ・ドゥーは天気を察知して、彼らを助けたのだ。

クーン・アンヌーンは、妖精の飼い犬だともいわれている。

最後にヘルハウンドだ。

ヘルハウンドを退治することはできない。

少なくとも、退治されたという記録は一つもない。

だが、なぜか**ヘルハウンドを寄せ付けない人間というのはいる。**

怪物を見ることもなければ、足音を聞くこともない、そんな人間だ。彼らと一緒にいると、ヘルハウンドに襲われることはない。

1　中世の頃は、十字路は刑場としてよく使われた。人の通りが多く、よく目立つためだ。

063

ケルベロス

CERBERUS

元は頭が50もあった、残忍で手の付けられない冥界の番犬

ギリシア神話に登場する三つ首の冥界の番犬。

とはいっても、現代に残る最古のギリシア神話である『神統記』では、

「青銅の声もつ番犬で／五十の首をもち／残忍で／手のつけられぬものである」

とあるので、昔はもっと首が多かったようだ。

また同書では、「ケルベロス」は冥界王ハデスとその妃ペルセポネの館の前で番犬をしていることになっている。

というのは、古代ギリシアでは、ハデスの館は死者の館であり、冥界その

ものだったからだ。

その後冥界は拡大し、地下の広大な世界となったので、ケルベロスも館の入口ではなく、冥界への門で番をするようになった。

首の数が3つになったのは、紀元1～2世紀頃らしい。アポロドーロスの『ギリシア神話』では、3つの首に、龍の頭がついた尻尾、背中にいくつもの蛇の頭が生えている怪物であった。

紀元2世紀のヒュギーヌス『ギリシア神話集』で、ようやく三つ首の犬という、現在と同じ姿の怪物になった。

冥界の門を守ることに何度も失敗している残念な一面も

ケルベロスは冥界の番犬なので、闇雲に襲ってくるわけではない。

死者が冥界に入るという正当な通行の時は、一切の邪魔をしない。

しかし、冥界から出ようとするものは決して許さず、襲いかかる。

また、冥界に入る場合も、生者が入ることは許さない。こういったことを見逃さないように、常に3つの頭のうち2つの頭は起きていて、冥界の門を見張っている。

ケルベロスは強力な怪物で、一度も殺されたことはない。

しかし、冥界の門を守ることには何度か失敗している。

オルペウスは、妻のエウリュディケーが毒蛇に噛まれて死んだ時、竪琴でケルベロスを眠らせて冥界に行って、妻を取り戻そうとした。

そして、ケルベロスは竪琴の優美さに3つの首すべてが眠ってしまったのだ。

ウェルギリウスの『アエネーイス』では、アエネーアースは巫女シビュレーの教えを受け、蜂蜜と芥子(からし)を混ぜて作った菓子を与えることで、ケルベロスの前を通過した。

ケルベロスは菓子に夢中で、門番をすることを忘れてしまったのだ。

ヘラクレスは、その12の難題の最後の一つとして、力ずくでケルベロスを捕まえて現世に連れてきている。

彼はケルベロスの喉元を強く握り、ふらふらにしてしまうと、鎖で縛りつけて冥界の番犬を現世へ引きずり出した。

064 ギガース

GIGAS

神々の敵にも味方にもなった蛇の脚を持つ巨人

ギリシア神話に登場する巨人の怪物。

初期の美術では人間型の巨人として描かれていたが、後期になると、蛇の脚を持つ巨人として描かれるようになった。

ギリシアの神々、ゼウスを主神とするオリュムポス神たちは、世界の支配者となるために、大戦を２回行っている。

その２つの戦いにおいて、一度はオリュムポス神の味方として、もう一度は敵として戦ったのが「ギガース」たちだ。

不死身のギガースを倒すために人間の娘と交わるゼウス

ウラヌスがクロノスにペニスを切り落とされた時、そこから大地（すなわちガイア）に血がしたたり落ちた。

これによってガイアは妊娠し、ギガースたちを産み落とした。

だがギガースたちも、サイクロプスやヘカトンケイルと同じく、タルタロスの底に閉じ込められた。

ティターン神族との戦争ティターノマキアにおいて、ゼウスは、サイクロプスやヘカトンケイルと共にギガースもタルタロスから救出した。

これに感謝して、ギガースたちはティターン神族と戦った。

だが、ティターノマキア終了後、ティターン神族はタルタロスに封印されてしまう。

ガイアにとって、ティターノマキアは、ギガースら子どもたちをタルタロスから救い出すための戦いだった。それは叶った。

だが、代わりに別の子どもたち（ティターン神族）をタルタロスに閉じ込められたのでは、ガイアとしては納得できない。

そこで、ガイアはギガースに頼んで、ティターン神族をタルタロスから解放する戦いを始めてもらう。これが、ギガントマキアだ。

ギガースたちは神々の手によっては死なないという能力を持っていた。そのため、オリュムポス神たちは人間の力を借りなければ勝利できないという予言を得た。**そこで、ゼウスは人間の娘アルクメネと交わり、ヘラクレスを産ませた。ガイアもこれに対抗して、人間に対しても不死身になれる薬草を大地から生やしたが、ゼウスはこれに感づいてすべての薬草を刈り取ってしまう。**

こうして、ギガースは人間に対して不死身になることはできなかった。

だが、巨人は強かった。

どんな地形をも踏み潰し、進軍してくるギガースに対し、ゼウスは雷霆で立ち向かう。殺すことはできないが、雷で動けなくすることはできた。

そこにヘラクレスが弓を射て、ギガースたちを倒していった。他の神々も戦い、火で焼いたり、杖で殴り倒したり、火山や島で押し潰すなどして巨人を動けなくした。そこにヘラクレスがやってきて、毒矢などで片っ端から射殺していった。

こうして、ギガースたちは、１人残らず殺されてギガントマキアは神々の圧勝となった。

065

ミノタウロス

MINOTAUR

ポセイドンの怒りをかって生まれた子ども、迷宮に閉じ込められる

ギリシア神話に登場する、人型で頭が牛の怪物「ミノタウロス」。

エーゲ海に浮かぶクレタ島の王ミノスは、神々の王ゼウスとエウロペの息子だ。

フェニキア王の娘エウロペはゼウスの子どもを産んだあと、クレタ王アステリオスの妻となったが、その後継を巡って、長男のミノスと弟のサルペドーンが争っていた。

そこで、ミノスは王の証として牡牛を海から送ってくれるようにポセイドンに祈った。

ミノスは牡牛を生贄としてポセイドンに捧げると誓い、ポセイドンはそれに応じて牡牛を贈り、ミノスは王位を得ることができた。

だが、牡牛があまりにも素晴らしかったため、ミノスは生贄に捧げるのが惜しくなり、代わりに別の牡牛を生贄にした。

ポセイドンは怒って、ミノスの妻パシパエが牡牛に恋するように呪いをかけた。

見事に牡牛に恋したパシパエは、名工ダイダロスに相談して木の牝牛像を造ってもらった。パシパエはこの像に入って牡牛と交わり、頭が牛の怪物を産み落とす。怪物は、前王の名前からアステリオスと名付けられるが、やがて「ミノス王の牛」を意味するミノタウロスと呼ばれるようになった。

王は、ダイダロスに命じて迷宮ラビュリントスを作らせ、その中心にミノタウロスを閉じ込めた。

英雄テセウスの手によってあっさり退治されてしまう

当時、アテナイはクレタに戦争で負け、9年ごとに少年と少女を7人ずつ献上するよう命じられていた。そこでクレタ島の王となったミノスは、彼らをミノタウロスの餌として、迷宮に閉じ込めた。

だが3回目の献上の時、英雄テセウスが生贄の中に入っていた。ミノス王の娘アリアドネーはテセウスに恋し、ラビュリントスに入る時に、毛糸玉の糸を延ばしていけば迷うことなく戻ってこられることを教えてしまう。

テセウスはこの教えに従って迷宮を踏破し、隠し持っていた短剣でミノタウロスを殺す。

そして再び糸をたぐって、入口まで戻ってくることに成功する。

さらにテセウスは、アリアドネーを連れて、クレタから逃げ出した。

相手がいくら英雄とはいえ、たかが短剣で、殺されてしまうのだから、ミノタウロスはあまり強くないのではないかと思わないではない。

ちなみに、テセウスは帰国の途中で恩義ある妻アリアドネーに飽きてしまい、途中の島で置き去りにしてしまう。

しかも帰ってくる時、無事にミノタウロスを退治していたら白い帆を掲げると父に約束していたにもかかわらず、それを忘れて出港時の黒い帆のままで帰ったため、絶望した父王アイゲウスは海に身を投げて死んでしまう。

正直、テセウスという英雄は、性格も頭も悪いとしか思えない。

066

ドッペルゲンガー

DOPPELGÄNGER

出会うと死の前兆とされる自分自身の分身

ドイツの民間伝承に登場し、その人と全く同じ姿をしたなにか。「ドッペルゲンガー」とは、ドイツ語で「二重に歩む者」という意味がある。

その正体は、今でも明らかではない。

自己像幻視と呼ばれる幻覚であるという説もあるが、実際に自分と同じ姿の何者かが存在しているのだという説もある。

後者の場合、分身や生き霊といった自分から生み出されたなにかだという説と、自分の姿を真似た怪しい化け物だという説とがある。

一般に、**ドッペルゲンガーに出会うのは不吉とされる。ドッペルゲンガーに出会うことは、死の前兆であるとされることが多い。**アブラハム・リンカーンは自分の分身と出会ったが、分身はリンカーンが第二期も大統領に当選するが、生きて終えることはできないことを予言したという。

数多くの文学作品に登場する「分身」という存在

このような自分の分身というものは、文学者の心をくすぐるのか、数多くの創作に登場する。

エドガー・アラン・ポーの『ウィリアム・ウィルソン』では、主人公のウィリアム・ウィルソンに、同名かつ顔かたちも生年月日も同じ級友が現れる。

そして、彼に様々な悪行を暴露される。

その後も、様々な悪事を働こうとすると、彼が現れて悪事を暴露してしまう。そしてついに、ウィリアムは、同名の彼を殺してしまう。

『ジキル博士とハイド氏』で有名なスティーブンソンの詩『ティコンデロガ：ウェストハイランドの伝説』では、やはり分身の悲劇が描かれている。

オスカー・ワイルドの『ドリアン・グレイの肖像』では、肖像画が主人公の分身だ。美青年ドリアンが悪行を重ねる度に、当人ではなく肖像画が醜く老いさらばえてゆく。そして、ドリアンが耐えかねて肖像画を破壊しようとした時、ドリアンは倒れてしまう。そこにあったのは醜い老人の死体と、美青年の肖像画だった。

ただし、分身が常に不吉なものであるわけではない。**ユダヤ教のタルムード[1]では、神を探し求めた末に自分自身に出会った者の話がある。分身に出会うことができるのは、預言者の証なのだ。**

また、バイロケーション現象というものもある。これは、同じ人物が複数箇所に同時に存在することをいうが、これはキリストの奇跡の一つだ。

最後の晩餐にキリストが出席しているが、同時にワインとパンはキリストの血と肉であるという。これもバイロケーションの奇跡である。

また、世界中の教会において聖餐式[2]にキリストは同時に出席しているし、世界中のパンとワインも同時にキリストの肉体と血であるが、これも奇跡によってそうなっているのだという。

1　ユダヤ教のトーラー、ミシュナに次ぐ聖典。口伝で伝えられた律法であるミシュナを研究解説するもの。現代では、ミシュナと解説（ゲマラ）をまとめてタルムードという。

2　最後の晩餐にちなみ、パンとワインを信者で味わうこと。カソリックと正教会では、これはサクラメント（秘蹟）であるとされる。

067

バン＝シー

BANSHEE

人が死ぬ時に、金切り声を上げて泣き叫ぶ不気味な妖精

アイルランドやスコットランドにいるといわれる不吉な妖精。「バン」は女、「シー」は妖精という意味なので、本来は単純に「女妖精」という意味だが、人が死ぬ時に泣き叫ぶという伝承から、「バン＝シー」は不吉な存在とされる。

その泣き声は、女性がしくしく泣く静かなものではなく、金切り声だ。**特に、名家の人間や、勇者・聖者が死ぬ場合、何人ものバン＝シーが泣き叫ぶという。**

長い髪の女性で、常に泣いているせいか、目は真っ赤だ。

緑色の服に灰色のマントは、妖精の服装としては一般的な色合いだ。

顔に関しては、スコットランドのバン＝シーは醜いが、アイルランドのバン＝シーは美しいという。

近世の17世紀になっても、バン＝シーの目撃例はある。

『ファンショー夫人の回想録』という本では、彼女自身がアイルランドのオブライエン家に泊まった夜中の２時頃、白い服で赤い髪の青白い幽霊のような顔色の女が窓をのぞき込んで、聞いたこともないような不気味な声で「馬」と３回言って姿を消したのを目撃したとある。

その夜の２時に、オブライエン氏は亡くなった。

夫人によると、オブライエン家では、家人が床に伏せると、亡くなるまで毎夜女の姿が現れるのだという。

19世紀には、オスカー・ワイルドの母ワイルド夫人が、バン＝シーについて書いている。

彼女の説では、バン＝シーとは、その家で若くして亡くなった女性の幽霊だ。

彼女は、生き残っている身内に来たるべき死を告げるために現れて、美しい声で歌うのだという。

バン＝シーの乳房に気付かれないようにしゃぶりつければ願いが叶う

1957年にアルゼンチンの小説家ボルヘスらによって発表された『幻獣辞典』によれば、バン＝シーはケルトの血を引くもので、スコットランドの高地に現れて、訪れた窓の下で、その家の人間の死を予言するのだと書かれている。

ただし、バン＝シーが常に不幸をもたらすものとは限らない。

スコットランドのバン＝シーは、スコットランドの妖精の常であるように、身体のどこかが欠けている。

鼻の穴が１つだったり、前歯が大きくはみ出ていたり、乳房が大きく垂れていたりする。

彼女に気付かれないようにこっそり近づいて、この垂れた乳房に、しゃぶりついて吸うことができた人間は、彼女の養子になったことになり、願い事を叶えてもらうことができる。

068

ゴルゴン

GORGON

海神自慢の美人三姉妹だが、アテナの怒りをかって怪物に

「ゴルゴン」は、ギリシア神話に登場する醜い女の三姉妹の怪物。

といっても、ゴルゴンは元から怪物だったわけではない。本来のゴルゴンは、海の神ポルキュスとケトの間の娘で、上から順にステンノー、エウリュアレ、メデューサの大変美しい三姉妹だった。

だが、メデューサは海神ポセイドンの恋人となり、女神アテナの神殿で交わった。**これが処女神アテナの怒りに触れ、醜い怪物にされてしまう。それどころか、アテナに抗議した姉２人も同様の怪物に変えられてしまう。**

その姿は、髪の毛が生きて蠢(うごめ)く蛇でできている。アポロドーロスの『ギリシア神話』ではさらに詳しく書かれており、竜の鱗で取り巻かれた頭、歯は猪のように大きく、手は青銅で、黄金の翼で空を飛ぶ。

三姉妹の姿を直接見た者は、石になってしまう。

末娘メデューサは退治された上に、女神アテナの盾となってしまう

このように恐ろしいゴルゴンは、その上不死だった。ただし、不死なのは姉のステンノーとエウリュアレの２人だけで、末妹のメデューサは不死ではなかった。

そこで、ゴルゴンの首が必要だった英雄ペルセウスは、メデューサを殺そうとする。そのためにアテナの力を借りて、様々なアイテムを手に入れた。

透明になれるハデスの帽子、ヘルメスの黄金の鎌、そして翼のあるサンダルである。そして、アテナに手を引かれて眠っているゴルゴンたちのところまで行き、顔を背けたままメデューサの首を切り取った。首はキビシスの袋に入れて、石になることを防いだ。

姉たちはメデューサが殺されたことに気付き、犯人を追ったが、ハデスの帽子で透明になったペルセウスを発見することはできなかった。

その頃、エチオピアの王妃カシオペアが、自分はポセイドンの娘であるどのニンフより美しいと誇ったため、ポセイドンの怒りをかった。そして、エチオピアは高潮と怪物に襲われていた。

カシオペアは、娘のアンドロメダを海の怪物に生贄にすれば災いは去ると言われたため、アンドロメダは海岸に鎖で縛り付けられ生贄にされようとしていた。ペルセウスはその海岸に通りかかり、アンドロメダを一目見て恋に落ちた。そこで、怪物を倒してアンドロメダを妻にもらう約束を王とかわして、怪物にメデューサの首を見せ、石にしてしまった。

だが、今度はアンドロメダの元の婚約者であったピネウスがペルセウスを殺そうと陰謀を企てる。だがペルセウスは彼らにもメデューサの首を見せて、石にしてしまう。

その後、メデューサの首はアテナに捧げられ、アテナはアイギスの盾の中央にメデューサの首を取り付けた。

たしかにゴルゴンは、不謹慎であったかもしれないが、ここまで酷い目に遭うこともなかったのではないかと思わないではない。

ギリシアの神々の怒りは、理不尽なほど恐ろしいものなのだ。

069

バーバ・ヤーガ

BABA YAGA

鶏の脚の生えた小屋に住み、細長い石臼に乗って素早く動く山姥

ロシアの民間伝承に登場する山姥。

ムソルグスキーの交響詩『展覧会の絵』の一曲が『バーバ・ヤーガの小屋』であるため、「バーバ・ヤーガ」と発音されることが多いが、ロシア語の発音では、バーバ・イガーという方が近い。日本では、「魔女の婆さん」とか「鬼婆」などと訳されることも多い。

戦争映画で、ロシアソビエトの兵士が「魔女の婆さんに呪われろ」といった台詞を言う場合、それはバーバ・ヤーガに呪われろという意味だ。

元々は、ロシアの神話における冬の女神だったのではないかといわれている。だが、キリスト教の影響でロシア土着の宗教は貶(おとし)められ、ロシアの神々は悪魔として定着した。

その姿は骨と皮だけでできたような痩せた老婆で、鶏の脚が生えた小屋に住んでいる。小屋には、人間の骨が飾られている。

普段は小屋に寝そべったまま暮らしているが、移動する時は細長い石臼に乗る。臼は少し浮き上がっており、手にした杵で地面を突くと、驚くほどの速さで移動する。

バーバ・ヤーガの試練に打ち勝つと、援助してもらえることも

バーバ・ヤーガは恐ろしい化け物だが、時には人間を助けることもある。昔話の構造分析で有名なウラジーミル・プロップによれば、バーバ・ヤーガは、悪役か贈与者[1]として登場するという。

アファナーシェフの『ロシア民話集』に収録されている『ヤガーばあさんと弱虫小僧』は、41人の男の子の首を斬ろうとして、間違えて自分の娘41人の首を斬ってしまったバーバ・ヤーガの話だ。

失敗に気付いたバーバ・ヤーガは、男の子を殺そうと追いかけるが逃げられてしまう。

この話では、バーバ・ヤーガは単なる悪役として描かれている。

けれども、同書に収録されている『ヤガーばあさん』は少し異なる。

継母が邪魔な継子をバーバ・ヤーガのもとに送る。

バーバ・ヤーガはやってきた娘を食おうとするが、娘はばあさんの飼い猫などに親切にしたために、彼女の元から逃げることができた。

そして、逃げ出した娘から真相を知った父親は、継母を鉄砲で撃ち殺してしまう。

こうして、バーバ・ヤーガの試練に打ち勝った娘は、幸せな暮らしを手にした。

1　主人公に試練を与えるが、その試練に打ち勝てば、魔法的援助を与えてくれる存在のこと。

070 鴆

ZHÈN

蝮などの蛇を食べ、体に猛毒を持つ鳥型モンスター

「鴆」は、中国の毒鳥で『山海経』の『中山経』に、女几の山や琴鼓の山、玉山、瑤碧の山などに住むと書かれている。

その姿は雉に似ていて、蜚（あぶらむし）を食うとされる。ただ、『山海経』の異本では、鷲ほどの大きな鳥で、紫緑色の羽毛、首が長く、嘴は赤い。

蝮などの蛇を食べるため、体内に猛毒を持つとされている。この毒を、鴆毒という。雄は運日、雌は陰諧と呼ばれる。

鴆毒は、古来より暗殺に使われた。鴆の羽には毒があって、その毒は水に溶け、無味無臭だ。

飲み物に鴆の羽を突っ込んで軽くかき混ぜるだけで、毒は飲み物に溶け、飲んだ人間は死ぬ。

ニューギニアで毒を持つ鳥が発見! 鴆は実在した!?

鴆毒の使用例としては、中国三大悪女の１人といわれる呂雉[1]の逸話が有名だ。

彼女は、息子の恵帝と皇位を争うことになった劉如意を殺そうとして都へと呼び出したが、計画に気がついた恵帝は弟を死なせたくないと思い、寝食を共にした。そのため劉如意に手を出すことができなかった。

しかし、恵帝が狩りに出かけた隙に、鴆の羽でかき混ぜた飲み物を飲ませて、劉如意を殺したといわれている。恵帝は、嘆き悲しんだという。

さらに、呂太后は劉如意が死ぬと、その実母である戚夫人の四肢を切断し、眼耳喉を潰し、厠[2]の下に放り込んだ。そして、「人豚」と罵って、その姿を笑ったという。

その姿を見た恵帝は、ショックのあまり政務を放り出して酒色におぼれるようになり、わずか23才で早世した。

鴆は伝承にだけ存在し、実在しない鳥だと長い間いわれてきた。というのは、毒を持つ鳥など存在しないと思われていたからだ。

だが20世紀後半になって、ニューギニアに棲むズグロモリモズという鳥が毒を持つことが判明した。

さらに21世紀には、他にも何種もの毒性を持つ鳥が発見された。

現在では、これらを例証として、古代中国には本当に鴆という毒性を持った鳥が存在したのではないか、という説も現れている。

1　漢の初代皇帝である劉邦の妻で、呂太后ともいわれる。
2　当時の中国のトイレは、大きな穴の上に置かれており、穴の中で豚を飼って糞尿をえさにしていた。

071
猫鬼
MAOGUI

死んだ猫の霊を操って、人間を呪い殺す術

「猫鬼(びょうき)」は、中国の猫の化け物だ。

正確には猫鬼は外法の呪術（邪悪で禁じられた呪術）のことであるが、その呪術によって生みだされた化け物も猫鬼と呼ばれる。

猫鬼の術は、一種の蠱毒(こどく)だ。つまり生き物を利用して、人間を呪う術である。その中でも、もっとも凶悪なのが猫鬼の術なのだ。

中国では人が死んだら鬼(き)となる。中国では、鬼とは幽霊のことをいう。猫も死んだら鬼となる。この猫の鬼を操って、人を殺させようというのが猫鬼の術だ。

猫鬼の作り方には色々な説があるが、その一つとして、大きな甕(かめ)に猫を2匹閉じ込めるというものがある。その中で2匹を餓えさせて共食いさせる。

そして、生き残った猫の首から下を地面に埋めて動けないようにしたところで、目の前に餌を置く。猫が餓えに狂ったところで、首を切り落とす。

あとは、その首を呪う相手の家の前に埋めておけばよい。犬神の作り方にも似ている。

もっとえげつない方法も伝えられている。

１才になる前に死んだ赤ん坊の死体（中国は土葬が基本だった）を夜中に掘り起こす。禹歩（うほ）[1]を行いながら呪文を唱え、赤ん坊の頭を切り落とす。

そして、その頭を飼っている猫の腹に埋め込むのだ。

猫鬼の術の優れているところは、この術で呪い殺した場合、殺された人の財産は術者のものになってしまうという点だ。

つまり、殺したい恨み（嫉妬・その他）と金銭欲とを、同時に満たしてくれる便利な術なのだ。

猫の化け物というと日本では「猫又」

猫鬼の術が頻繁に使われたのは隋の時代だ。

特に、隋の皇室の外戚である独孤陀（どっこだ）が、自分の姉でもある皇后と自分の妻の姉を猫鬼で呪い殺そうとした。この事件は、中国の公式歴史書である『隋書』に記述されているほどの大事件だ。

日本には猫鬼はおらず、猫の化け物というと猫又になる。

鎌倉時代の藤原定家の日記『明月記』では、山中に潜む猫又が、何人もの人間を食い殺したという。それによると、猫又は眼は猫のようだが、身体は山犬のようにたくましいという。

また『徒然草』によると、人家で飼われている猫も年を経ると猫又となる。猫又になると尻尾が二股にわかれるというのは、江戸時代ごろからの伝承らしい。

1　中国に伝わる呪術的歩き方。古代の聖王禹（う）の歩き方をたどり作られたとされる。

【冒険後記④】　モンスターの巣の中で

なぜゴブリンは、ケルベロスのいる洞窟に住み着いたんだろう

初めてボスに遭遇したのは、人里離れた洞窟を根城にした、人間の盗賊団を退治した時だ。

最初手下と戦って、最後にボスと戦った。

ボスは洞窟の一番奥にいて、ボスが手下を支配していた。

その盗賊団には、上が下を支配する構造があった。

別に盗賊団じゃなくても、人間社会ならいくらでも上下関係のある組織を見つけることができる。

人間ならば、ボスは頭が良くて、腕っ節も強く、度胸と人望もあると、相場が決まっている。盗賊団でも同じだろう。

盗賊退治の話はおいといて、その後ボスモンスターと遭遇することも増えてきた。

その時、明らかに支配関係が見て取れることもあったし、そうでないこともあった。

例えば、ゴブリンたちを追ってダンジョンの奥の部屋に攻め込んだ時のことだ。

奥の部屋にはホブゴブリン……じゃなくて、ケルベロスがいた。

てっきり、ケルベロスがゴブリンのボスかと思った。

そして、ゴブリンが番犬代わりにケルベロスを飼っていて、けしかけてくるのかと思った。

たぶん、ゴブリンたちもそれを望んで、俺たちをこの部屋に誘い

込んだに違いない。

しかしケルベロスは、まず手近なゴブリンを襲い始めた。

それを見たゴブリンたちが、部屋から出ようとするが、ちょうどそこには、俺たちがいる。

それでもかまわず、ゴブリンたちは、こっちに突っ込んでくるものだから、ケルベロスもゴブリンを追い、やってきた。

どうやらケルベロスは、人とゴブリンとの見わけがつかないらしく、俺たちをゴブリンの仲間だと思ったらしい。

容赦なく襲ってきたので、ゴブリン共々退治しなければならなかった。

ゴブリンは、何を考えて、こんなところに住み着いたのだろう？

わかってて住み着いたのか？　知らずに住み着いたのか？

一度酒場で話してみたが、変なことを気にするなと笑われた。

しかたがない。土産話は館長に話すとしよう。

ファンタジー作品のモンスターと、ホラーの怪物はどこが違うのか？

モンスターといっても、ファンタジー作品にだけ出るわけではない。例えば、もっとも数多くのモンスターが登場しているのは、ホラーだろう。

ただ、ファンタジーとホラーでは、怪物の扱いが根本的に異なる。

それは、ファンタジーの怪物が「試練」であるのに対し、ホラーの怪物は「恐怖」だという違いだ。

もちろん、ファンタジーの怪物だって恐ろしい。まともに戦っては勝ち目がないほどの強者もいる。だが、ファンタジーの怪物は、あくまでも打ち勝つべき対象だ。もしも戦って勝ち目がないとしても、こっそり忍び込んで手に入れたい宝だけ盗み出すとか、知恵と工夫で目的を果たす。

モンスターはその時の障害として存在する（ファンタジーといっても、幻想小説などはまた別物）。

それに対してホラーの怪物は、主人公たちを恐怖に陥れることが本分だ。

もちろん、ブラム・ストーカーの『ドラキュラ』のように、最終的に吸血鬼を滅ぼすことができる場合もある。だが、それすら、わずかな幸運だったり、偶然による助けがあったりと、主人公の力量ではない。

例えば、同じ吸血鬼を敵にする物語があるとしよう。ファンタジーならば、吸血鬼の弱点を調べ、戦うための武器を手に入れ、戦場を上手く選んで倒すという物語になる。

だが、ホラーならば、吸血鬼によって友人や仲間が失われ、己の無力を噛みしめ、その中でふと助かる手段が見つかって助かることもあるが、そんな都合の良いものなどなく破滅するしかない物語もある。

つまり、主人公が頑張れば何とかなるのがファンタジー（の冒険もの）であり、主人公が頑張ってもどうにもならない、運良く助かるか、予想通りに破滅するかしかないのがホラーだ。

他にモンスターが出る創作として、怪獣ものも考えられる。

怪獣に対して、ウルトラマンなどが登場して勝利するなら、それはファンタジーものと似た構造になるが、初代『ゴジラ』のように人間が無力な物語はホラーの構造に似てくる。

第5章

中ボス級モンスター

【モンスター資料館館長からのメッセージ⑤】

「モンスターの中には、元は人であったモノもいるんだよ」

やぁ、君たち、気づいたかね？　若者たちは君たちにあこがれ冒険者を目指し、吟遊詩人は、君たちの冒険を歌にしている。

君たちのおかげで、資料もずいぶん充実したし、この資料館の利用者も以前よりずっと増えたよ。

冒険者の中には、自分たちの狩り場や、モンスターについて知ったことを秘密にする者もいる。他の冒険者に手柄を奪われたくないからなのだろうが、それは残念なことだよ。

そうそう、今日は前回より手強いボス級のモンスターについてだったね。

ボス級モンスターは、強いほど人里から離れた場所にいる。

正しくは逆だな。強いモンスターの縄張りの中に、人は町を作らない。もし作ってしまえば、残る道は２つ。誰かがそのモンスターを完全に退治するか？　町を放棄するか？　だ。

なになに、そんな廃墟を見てきたって？　廃墟にはモンスターが我が物顔でうろつき、モンスターの巣もあったと。

そうだろう、そうだろう。

廃墟にはモンスターがつきものだ。

廃墟を巣とするモンスターの報告は、他にもある。

そして廃墟を巣とするモンスターの中には、人語を解するモンスターや、元は人であったらしきモンスターもいる。

例えばヴァンパイアだ。

ヴァンパイアは、不老不死を願って秘薬を作ったり、禁断の儀式を行ったりして、死なない体を手に入れた者とされている。

生きている人間の血をすすり、血をすすられた者もまたヴァンパイアとなるといわれている。

この場合、最初にヴァンパイアとなった者がボスとなり、他が手下となるようだ。ボスは生前の記憶を持ち、話すこともできるらしい。

そして霧やコウモリの姿になることもあるという。

手下については、よくわからない。

だがヴァンパイアは、なにかと苦手なものが多いようだ。

ニンニクに十字架、そして日光。不老不死とはいうものの、白木の杭で心臓を打ち抜けば朽ち果てるともいわれている。

日中は死体として横たわり、夜にのみ活動するともいう。

この弱点が本当ならば、それほど苦戦する相手とも思えないが、人の姿で人に交じり、誰がヴァンパイアかわからないまま疑い合い、その間にもヴァンパイアが増えていく……という状況こそが恐ろしいとされている。

といっても、ヴァンパイアの真偽など、十字架や日光で確かめられると思うのだが、その辺がよくわからない。

まあ、弱点が多いからこそ、日の光が差し込まない大きなダンジョンの奥に巣くっているんじゃないかとも思う。

歯切れが悪いのは許してくれたまえ。このあたりの資料は、伝聞によるものがほとんどなんだよ。

だからこそ、君たちの目で確かめてきて欲しい。

072

マンティコア

MANTICORE

人の顔、ライオンの胴体、サソリの尾を持ち、人間を食らう恐ろしき怪物

ヨーロッパに広く知られた伝説の怪物。

最初にヨーロッパ人に「マンティコア」のことを紹介したのは、紀元前５世紀にペルシャ王アルタクセルクセス２世の侍医であった、ギリシア人医師クテシアスの『インド誌[1]』だ。

この本では、マンティコアはインドに棲む人食いの怪物だとされていた。２世紀ギリシアの地理学者パウサニアスの『ギリシア案内記』では、『インド誌』を引用した上で、マンティコアとはインドトラのことではないかと書かれている。

一方、紀元１世紀のローマで活躍した大プリニウス[2]の『博物誌』では、マンティコアは、エチオピアの砂漠に棲む怪物とされている。

顔と耳は人間の男だが、皮膚の色は血のように赤い。３列の歯が櫛の歯のように並んで生えていて、目は青い。

ライオンの胴体に、サソリの尻尾を持つ。その声は、フルートとトランペットを合奏したような音だが、人間の声を真似ることもできるという。

非常に素早く動き、人間の血肉を好んで食べる。

近世までその実在が強く信じられていたモンスター

博物学書や地誌などに書かれていたことからもわかるように、当時のヨーロッパ人は、マンティコアという怪物がインド、もしくはアフリカに実際に生存していると思っていた。

それは中世や近世になっても揺るがず、ずっとヨーロッパから遠方に実際に存在する怪物と考えられていた。

その証拠に、**中世では動物寓話集が数多く編まれており、その多くの書に、マンティコアの項目が存在する。**

また中世以後になると、**大プリニウスの『博物誌』が活版印刷による書籍となり、当時の知識人たちに広く読まれるようになった。**

このため、**マンティコアも多くの知識人の常識となってしまった。**

現在の創作作品に登場するマンティコアも、姿形は古代ギリシアの時代とほとんど変わっていない。

13世紀『ロチェスター動物寓話集』の挿絵にあるマンティコア

1　この本自体は散逸して残っていないが、いくつかの書に引用されている。『ギリシア案内記』も、それを引用している。
2　ガイウス・プリニウス・セクンドゥス。紀元23年生まれ、79年没。古代ローマの政治家にして、博物学者。甥の小プリニウスと区別するため、大プリニウスといわれる。

073

グリフォン

GRIFFIN

頭・前足は鷲、胴体はライオンの怪物は黄金を集めるのがお好き

ギリシアの伝説に登場する空飛ぶ怪物。ただし、ギリシア神話ではなく、ギリシア人の書いた地理書などに登場する怪物だ。

ヘロドトス[1]の『歴史[2]』がその一つだ。

それによると、ギリシアのはるか北の地にはアリマスポイ人という一つ目の種族が住んでいて、彼らの国にはグリュポスという怪鳥が棲(す)んでいる。

グリュポスは黄金を集めていて、アリマスポイ人はグリュポスの巣から黄金を奪ってくるのだという。

『縛られたプロメテウス』というアイスキュロスの戯曲では、人間に火を与えたためにカウカソス山に縛り付けられたプロメテウスの肝臓を喰う怪物は、四つ足の鳥の「グリフォン」だと考えられている。

さらに、大プリニウスの『博物誌』にも、グリフォンは登場する。
耳と恐ろしく曲がった嘴(くちばし)を持った鳥で、エチオピアに棲むと書かれている。ただし、大プリニウス自身は、これは作り話だろうとコメントしている。

基本的には、頭から前足、そして翼は鷲だ。

そして胴体から後ろは、ライオンの姿をしている。ただし、前足までライオンで描かれている絵もある。

中世の頃は、悪魔の一種として描かれたこともある。

逆に、黄金（良いものの象徴）を集めるところから、キリストを表すとされたこともある。

また、その造形の素晴らしさから、貴族の紋章などにも多用された。中には、翼がないグリフォンもいる。

肉欲しさに、アレクサンドロス大王の戦車を引っ張って空を飛ぶ

だが、もっとも派手な伝説は、アレクサンドロス大王[3]がグリフォンで空を飛んだというものだろう。

大王は、4頭のグリフォンを捕らえて戦車につなぎ、頭の上に肉をぶら下げた。すると、肉欲しさにグリフォンは、戦車を引っ張りながら空を飛んだという。

もちろん、実際の出来事ではなく、水戸黄門漫遊記のような有名人に名を借りた創作だ。

1　紀元前5世紀のギリシア人歴史家。ペルシア戦争を描いた『歴史』によって、「歴史の父」と呼ばれる。
2　ペルシア戦争の歴史書だが、戦争が行われたギリシア、ペルシアだけでなく、その周辺地域の地誌についても書かれた、歴史と地理の両方について書かれた本。
3　紀元前4世紀の実在の人物。マケドニアの王から、ギリシア、ペルシアなどを征服し、世界で最初の世界帝国を築き上げた。

074

フェニックス

PHOENIX

実は不死ではない不死鳥

古代エジプトの神話に登場し、その後ギリシアやローマでも知られるようになった不死鳥。

エジプトはミイラを作り出したように、永遠の生命を求める傾向があった。永遠に生きる鳥ベンヌを作ったのも、その現れである。これがのちの「フェニックス」のモデルとなった。

ベンヌは、正確には永遠を生きるわけではない。

太陽と同じで、夕暮れになると死に、翌朝再び命を得ることで、永遠に存在し続けるのだ。太陽と同じと考えるとよいだろう。

そのベンヌからヒントを得て、ギリシアは不死鳥ポイニクスを作った。

ギリシア語のポイニクスが英語に取り込まれてフェニックスとなった。

ヘロドトスの『歴史』によれば、ポイニクスはアラビアに棲み、羽毛は金色の部分と赤い部分があり、形と大きさは鷲に似ている。

500年に一度、父親が死ぬと、遺骸と没薬(もつやく)[1]を卵形にしたものに入れて、エジプトのヘリオス神殿まで運ぶ。**ただ父親が死ぬとなると、ポイニクスが永遠に生き続けるということはなさそうだ。**

500年生きると、自ら死んで自ら再生、遺骨はエジプトに自分で運んで埋葬

再びフェニックスが永遠の命を持つようになるのは、紀元後のことだ。

フェニックスは、500年生きると、自分で香木を積み上げて火を付け、その炎の中で自らを焼き尽くす。

すると、炎の中から若いフェニックスとなって再び生まれるのだ。そして、自分の遺骨をエジプトに運んで埋葬するという。

大プリニウスの『博物誌』では、フェニックスは鷲ほどの大きさの鳥で、首は金色で、尻尾は水色、残りは赤紫だ。頭には鶏冠(とさか)がある。

死期が近づくと、桂皮(けいひ)や乳香(にゅうこう)といった香木で巣を作り、そこで死ぬ。

すると、その死骸から蛆虫(うじむし)がわき、それが成長するとフェニックスの幼鳥となると記述している。

このように、**フェニックスは完全な不死ではないが、自ら死んで再生する鳥として知られている。**

その死と再生のイメージは、キリストの復活の象徴として、また錬金術では死者をも再生させる賢者の石の象徴として、ヨーロッパ人の心に深く刻まれた。

手塚治虫の『火の鳥』において、鳥の頭に鶏冠のようなものが描かれているのも、紀元1世紀のプリニウスの記述を元にしているのだと考えると、なかなか深いものを感じるのではないだろうか。

1　ムクロジなどの樹木から取れる樹脂で、ミイラの防腐剤などに用いる。

075 キマイラ

CHIMERA

由緒正しきモンスター家に生まれたモンスターの中のモンスター

ギリシア神話に登場する複数の生物が混ざり合った怪物がキメラだ。

「キマイラ」について書かれたもっとも古い文献である、ホメロスの『イリアス』では、ギリシア神話最強の怪物テュポーンと蛇の怪物エキドナの娘とされている。

そう、キマイラは牝なのだ。

これは、あとの書でも変わらない。この書によると、キマイラは次のように描かれている。

キマイラというのは、人間から生まれたものではなく神の種族で、体の前の部分は獅子、後部は蛇、胴は山羊という怪物、口からは恐ろしい勢いで

炎々たる火炎を吹き出す。

つまり、キマイラの頭は１つだけで、口から火を吐くライオンの頭だ。

だが、ヘシオドスの『神統記』になると色々と異なる。

まず、キマイラはヒュドラの娘ということになっている。

そして姿も大きく違う。

３つの首があり、前から順にライオン、牝山羊、ドラゴンのものとなっている。そして、火を吹くのは山羊の頭だ。

一方、アポロドーロスの『ギリシア神話』では、その生まれはホメロスと同じく、テュポーンとエキドナの子どもとなっている。

その姿は、これまたヘシオドスの記述と少し異なる。

獅子の頭、竜の尾（つまり、尻尾の先が竜の頭になっている）、胴体からは山羊の頭が生えている。

ただし火を吐くのは、ヘシオドスと同じ山羊の頭だ。

口から炎を吐く攻撃を逆用され、命をおとす

このように、書物ごとに色々異なるが、キマイラを殺した人間に関しては、ベレロポーンで一致している。

ベレロポーンはペガサスに乗って、空中からキマイラの口に鉛の玉を突き入れた。

炎を吐こうとしたキマイラだったが、口の中で溶けた鉛によって身体が蝕まれて死んだ。ということは、鉛の玉を突っ込んだのは、山羊の頭にある口のようだ。

流石のキマイラも、空からの攻撃に不意を突かれて、ベレロポーンに退治されてしまったようだ。

076 ヴァンパイア
VAMPIRE

普通の死を迎えられなかった人間がヴァンパイアとなる

血を吸う怪物伝説は世界中に存在する。

その姿や能力、弱点は地方によって千差万別だ。その中でもっとも有名なのは、東欧に伝わる「ヴァンパイア」だ。

以下の説明も、それに則したものだ。

自殺や他殺、刑死などの、自然死でない場合。

そして魔女だったり、破門された人間だったりと、死者に問題がある場合。

または死体を洗っていないとか、死体の上を猫が通ったといったように、葬儀に問題がある場合。

いずれにせよ、**通常ではない死を迎えた人間がヴァンパイアになりうる。**

葬儀から少し経つと、埋葬されたはずの死者を見かけたという人間が現れはじめる。しかも、その人間に血を吸われたという。

そこで墓を掘り返してみると、中の人間は腐敗もせず、生前と変わらぬ姿でいる。違っているのは、口元についた血だけだ。これが、ヴァンパイアだ。

だが、このヴァンパイアの正体がなんなのかについては、二つの説がある。

一つは、死体に悪霊が取り憑いたという説で、もう一つは、死者の霊が自分の屍を動かしている、という説だ。

ヴァンパイアをヴァンパイアたらしめる6つの特徴

ヴァンパイアの特徴といえば、まず不死であるということだ。正確には、もう死んでいるから死ぬことはない、というわけだ。

二つ目は血を吸うということだ。これについては、血ではなく、精気・生命力のようなものを吸っているという説もある。

三つ目にヴァンパイアの姿は鏡に写らない、という説だ。

この話は昔からあったわけではない。これは、鏡には魂が写るというドイツの伝説から、魂を持たないヴァンパイアは鏡に写らないのではないかという話に発展したものである。

そして、映画的演出として広く吸血鬼映画でこの設定が使われるようになり、世界中に広まったようだ。

四つ目に、変身能力だ。映画だけでなく伝承においても、ヴァンパイアは狼やコウモリ、霧に変身する。

このため、昔は狼男と吸血鬼が同じものと見なされることも多かった。

狼男が死ぬと吸血鬼になるという説もあるくらいだ。吸血鬼が霧になるのは、埋葬された棺桶から出てくることから考えられたのではないかと思われる。

ヴァンパイアの伝承が生まれた時、農民は土葬であった。上級貴族は納棺室に入れられた。伝承で描かれるヴァンパイアは、ほとんどが農民であった。

しかし、土の奥から棺桶を開けて出てくるのはあまり現実的ではない。そこで霧に変身できるのではないか、という話になったのだ。

五つ目に、人間ではありえないほどの強い力を持っていること。伝承のヴァンパイアも強い力を持っている。

しかし魅了や催眠のような力が使えるということは、あまりない。これらは創作において付け加えられた可能性が高い。

六つ目に、吸血鬼に殺されると吸血鬼になるという説である。

これはギリシアの吸血鬼ヴリコラカスの能力で、実はヴァンパイアのものではない。

日光は弱点ではなく、十字架も平気って本当!?

ヴァンパイアの弱点として知られているのが、日光だ。

だが実のところ、**ヴァンパイアが昼間に出現したという伝説も結構多い。それどころか、映画は別として、原作小説の『吸血鬼ドラキュラ[1]』ではドラキュラ伯爵は夕方に活動している。**日光が好きだとは思えないが、日光を浴びると死ぬというのは映画的演出であって、本来のヴァンパイアとは違う。

十字架に弱いというのも、本来の伝承にはない。それどころか、**原作小説ではドラキュラ伯爵は十字架に触れても平気だ。**

東欧の一部では、十字架ではなくイコン[2]に弱いという説もある。銀は聖なる金属であり、邪悪なものを退けるといわれている。このため、ヴァンパイアを銀によって打ち払うことができると信じられていたのだ。

白木の杭を打ち付けると不死のヴァンパイアでも殺せるというのも、比較的広く信じられているが、使うべき木はトネリコ、サンザシ、樫(かし)など色んな説がある。

また、打ち付ける場所も、心臓、喉、腹、口など異説が多い。そもそも、そんなものを打ち付けられたら、吸血鬼でなくとも死ぬ。

もう一つ、招かれない限り人の家に入れないという弱点もある。

ただし、一度入れてしまうと、その後は自由に入れる。これは、地域限定の伝承だ。

流れる水を渡れないというのもあるが、これは流れる水が聖なるものであると考える、古い民間伝承の影響だと考えられている。

実は、現在のドラキュラ伯爵といった、吸血鬼への貴族的なイメージは、創作の産物だ。

ちなみに、伝承に登場するヴァンパイアは、基本的に庶民だ。貴族がヴァンパイアになることはない。

貴族のイメージの大体は、ポリドリ[3]の『吸血鬼』(1819)が原因である。

主人公の吸血鬼ルスビン卿は、教養のある美青年だ。というのも、吸血鬼のモデルを詩人のバイロン卿にしたからだ。バイロン卿は血色が悪かったので、主人公の顔色も青白い。

そしてこの作品がヒットしたため、その後に登場する吸血鬼小説のほとんどで、貴族的吸血鬼が登場した。

例えば、レ・ファニュ[4]の『吸血鬼カーミラ』（1872）では、貴族令嬢の女吸血鬼カーミラが登場する。そして、吸血鬼小説の決定版ともいえるブラム・ストーカーの『吸血鬼ドラキュラ』では、串刺し公ヴラド・ツェペシュがモデルのドラキュラ伯爵を登場させている。

そして、これらは映画にもヒントを与えた。

世界初の吸血鬼映画は、1909年のサイレント映画『Vampire of the Coast』だとされる。

その後、いくつも『吸血鬼ドラキュラ』に着想を得た映画が作られた。

そして、映画の中で、十字架を恐れたり、太陽の光を浴びると灰になったりといった映画的効果の高い演出が使われるようになった。

特に鏡に映らないという特徴は、当時のトリック撮影でも実現可能だったので、観客を驚かせる演出として、多用されるようになった。

また、吸血鬼がまとっているマントも、映画的に映えるという理由で、多用されるようになった。

1 アイルランド人作家ブラム・ストーカーが1897年に書いた恐怖小説。無数の映画・演劇・TVドラマの原作となった。
2 主に正教会で使われる、キリスト・聖人・天使・聖書の1シーンなどが書かれた画像。
3 ジョン・ウィリアム・ポリドリ（1795～1821）。イギリスの医師・作家。詩人バイロンの主治医でもあった。バイロンが吸血鬼小説を書こうとしたが、すぐに飽きてしまったため、ポリドリがアイデアだけもらって書いたのが『吸血鬼』だ。このため、バイロン作と誤解されたこともあった。
4 ジョゼフ・シェリダン・レ・ファニュ（1814～1873）。アイルランドの恐怖・推理作家。

077
デュラハン
DULLAHAN

元は、口が耳まで裂けた頭を小脇に抱える女の妖精

「デュラハン」は、アイルランドの伝承に登場する妖精だ。

別名、アンシーリー・コートともいう。

これは「祝福されざる妖精」という意味で、人間と敵対的な関係にあるということを意味している。

一般的には戦車[1]に乗った男性の戦士で、首から上がなく、頭は左手に持っている。右手は戦車の手綱を握っている。

だがアイルランドの作家イェイツ[2]によれば、**本来のデュラハンは首を小脇に抱えた女の妖精だという。その顔は、口が耳まで裂け、恐ろしい笑みを浮かべている。**

コシュタ・バワーという首のない黒馬の牽(ひ)く戦車に乗ってやってくるが、

戦車の車輪のスポークや持ち手には、人骨が使われている。

ランタンの代わりに頭蓋骨が掛けられ、その中に火を灯す。馬車には虫食いだらけのビロードが掛かっていて、棺桶が載せられている。

デュラハンは、死者が出ることを告げるために現れる。

不気味な馬車が屋敷の周辺を走り回っているのを見かけたら、デュラハンの登場だ。門を閉じ、閂（かんぬき）を掛けても無駄だ。

デュラハンが来ると、勝手に門は開いてしまうからだ。

そして、最後に死者の出る家の前に立って、扉をノックする。

家の人が扉を開けると、たらい一杯の血を浴びせて去って行く。

首なしの男性騎士になったのは、他の伝説と混同されたため

これが男性の首なし騎士になったのは、他の伝説が入り交じったせいだといわれている。

アーサー王伝説の首なし騎士や、アメリカのニューヨーク州に伝わるドイツ人の首なし騎士の伝説を元に、アーヴィング[3]の『スリーピー・ホローの伝説』という小説が書かれている。

この話は、アメリカ独立戦争の時に、イギリス側で従軍したドイツ人傭兵が殺されて首を切られたが、ニューヨーク近郊の森の中で犠牲者を待っているというものだ。

アメリカではあまりに有名な話であるために、観光客を呼ぶためか1997年にスリーピー・ホローという村ができてしまったほどだ。

現在の創作作品などには、首なし（片手に首を持った）騎士でありながら悪霊か不死者であるデュラハンがしばしば登場するが、これは、デュラハンと上記の伝説などが混合して生まれたものだと考えられている。

1　戦争の時に使う小型で取り回しの良い馬車のことで、二輪で1～2頭の馬に牽かせていることが多い。
2　ウィリアム・バトラー・イェイツ（1865～1939）。アイルランドの詩人・作家。ノーベル文学賞を受賞している。
3　ワシントン・アーヴィング（1783～1859）。アメリカの作家。

078
ラドン
LADON

不老不死の効果を持つ「黄金の林檎」を守護する怪物

「ラドン」もギリシア神話に登場する怪物だ。キマイラ（184ページ）と同じくテュポーンとエキドナの間に生まれた子である。

ただ、ポルキュス[1]とケートーの間に生まれたという説や、ガイアの子であるという説もある。

世界の西の果てには、アトラスの娘であるヘスペリデス[2]の住むヘスペリデスの園がある。そこは父アトラスが天空を支えている場所に近い。かつては、もっとオリュムポムに近い場所に国はあった。

園には、神々の女主人ヘラの果樹園があって、黄金の林檎（りんご）がなる。

だが、浮気者のゼウスは妻の果樹園になる林檎を勝手に持って行って女たちにプレゼントしてしまう。

というのは、その林檎には不老不死の効果があるからだ。

そこで、ヘラは果樹園を世界の西の果てのアトラス山に移した。そしてヘスペリデスに果樹の世話をさせて、ラドンに守護させた。

100の首と200の目を持つラドンは、決して眠ることがない。

このため、林檎を守るのには最適であった。ラドンに守護させてから、林檎が奪われることはなくなった。

ヘラによって空に上げられ竜の星座となる

だが、それもヘラクレスによって破られる。ヘラクレスは12の難行の一つとして、黄金の林檎を取ってくることを命じられていた。

プロメテウスの予言に従って、ヘラクレスはアトラスに林檎をくれるように頼んだ。アトラスは、天空を支えるのを代わってくれれば、その間に取ってきてやると答えた。

そこで、ヘラクレスは一時的にアトラスの代わりに天空を支えた。すると、アトラスはヘスペリデスの園から林檎を３つ取ってきた。それだけでなく、林檎をヘラクレスが望むところへ送り届けてやろうと申し出る。

実は、アトラスは天空を支えるのに飽き飽きしており、ヘラクレスに押しつけて、逃げ出してやろうと考えていたのだ。

だが、プロメテウスにそのことも予言されていたヘラクレスは、今のポーズで天空を背負っているのは辛いので、楽な背負い方の見本を見せてくれとアトラスに頼む。アトラスが快諾して再び天空を背負うと、ヘラクレスは黄金の林檎を持って去って行った。騙そうとしたアトラスは、逆に騙し返されたのだ。

しかし、別の伝説ではヘラクレスはヒュドラの毒を塗った矢で、ラドンを殺して林檎を奪ったという話もある。

ヘラは、それまでのラドンの功績に報いて、ラドンを空に上げて竜の星座に変えてやったという。

1　海神ポントスと地母神ガイアの間の子ども。妹のケートーを妻とし、ゴルゴン三姉妹などの親となったという。
2　『神統記』では夜の女神であるニュクスの娘とされ、ヘスペリデスの園はオケアノス（大西洋）の彼方にあるとされる。

079
スフィンクス
SPHINX

ライオンの身体にファラオの頭で、神殿や墓を守護する聖獣

ギリシアからオリエントにかけて、様々な神話に登場する怪物、もしくは聖獣で、ギリシア語ではスピンクスという。

最古の「スフィンクス」は、エジプト神話のものだと考えられている。

色んな神話に登場するが、共通するのはライオンの身体にライオン以外の顔（人間が多い）を持つ姿だ。

代表的な形は、ライオンの身体にファラオの頭だ。ただし、翼はない。

他にも、女の頭にライオンの身体、羊の頭にライオンの身体など、ライオンの身体に様々な頭が付いたスフィンクスが存在した。

ファラオの頭が付いていることからもわかるように、**エジプトのスフィンクスは聖獣だ。**

基本的に、神殿や墓所の守護者として存在している。

例えばギザの大ピラミッドの隣にあるスフィンクスは、王の墓所であるその大ピラミッドを守護している。

また、カルナックにあるアメン大神殿とルクソール神殿の3kmほどある参道は、両側に牡羊の頭のスフィンクスが並んでいる。

テーバイ市を呪うために送り込まれ、質問に答えられない人間を次々襲う

エジプトから、ギリシアにもスフィンクスは広まった。

古代ギリシアのスピンクスは、ライオンの身体に女性の顔、胸に乳房があり、鷲の翼を持つ。意外と知られていないのだが、ギリシア語のスピンクスは女性名詞なので、スピンクスは女である。

その生みの親に関しては、様々な説があって定めがたい。

テュポーンとエキドナの間に生まれたという説、テュポーンとエキドナの間に生まれたオルトスとキマイラの間に生まれたという説などが有力だ。

オイディプスの父ライオスの子であるという説もある。

テーバイ王ライオスは美少年クリュシッポスを誘惑したため、結婚の女神ヘラが怒ってテーバイ市を呪うために送り込んだのが、スピンクスであった。

スピンクスはテーバイへの街道沿いにあるピキオン山に居座り、「朝は4本脚、昼は2本脚、夜は3本脚。これは何者か」と通行人に質問した。

答えられないのに通ろうとした一行は、罰として仲間を生きながら食われた。

しかし、これに答えたのが、オイディプスであった。「それは人間である。赤子の時は這(は)い、大人になると立って歩き、年老いると杖をつく」と正しい答えを言ったため、スピンクスは海に身を投げた。

メソポタミアにも、スフィンクスは存在するが、こちらもライオンの身体に、女性の顔、鷲の翼の怪物で、死者を守る存在だとされる。

080

ガルム

GARMR

北欧神話の「ケルベロス」といわれる地獄の番犬

「ガルム」は、**北欧神話における地獄の番犬で、ギリシア神話のケルベロスに相当する。**

『エッダ』の一篇『グリームニルの歌』には、

ガルムは犬のうち、最高のものだ。

とある。

ただ、完全に犬と同じではなく、目が４つあるといわれている。

ケルベロスが、元々ギリシア神話の冥界の神ハデスの館の番犬であったのと同じく、ガルムは北欧神話の死の女神ヘルの館、エーリューズニルの館の番犬をしている。
だが、のちにケルベロスがタルタロスの門の番犬となったのと同じように、ガルムも死者の国ヘルヘイムへの通路であるグニパヘリルの洞窟の番犬となる。

ラグナロクで軍神テュールに戦いを挑むほどの強敵

だが、ケルベロスとガルムは完全に異なる面がある。
それは、**ケルベロスはあくまで神々の僕（しもべ）でしかないのに対し、ガルムは本来神々の仇敵であり、鎖によってつながれて番犬となることを強いられているだけなのだ。**
『巫女の予言』には、

ガルムがグニパヘリルの前で、はげしく吠えた。鎖は引きちぎられ、狼は走り出す。

とある。
つまり、今のところガルムはグニパヘリルの洞窟で鎖につながれているが、ラグナロク（北欧神話における世界の終末戦争）になると、鎖を引きちぎって自由になるのだ。
ガルムの吠え声は、ラグナロクの始まりを告げる警笛ともいえるだろう。
ラグナロクの戦いでは、自由になったガルムは、軍神テュールに戦いを挑んで相討ちになると予言されている。
つまり、**ガルムは神々に匹敵する強敵なのだ。**

081
スキュラ
Scylla

魔女キルケーの逆恨みにより、下半身を6頭の犬に変えられてしまった妖精

ギリシア神話に登場する女性型の怪物。

といっても、「スキュラ」は元から怪物だったわけではなく、元々はニンフ（精霊）であったと伝えられる。

ちなみにメガラ王の娘スキュラは同名の別人である。

スキュラは、ニンフであった頃は大変美しく、多くの男性から求婚されていたが、当人にその気がなかった。

だが、その中に、海神グラウコスがいた。彼もスキュラに熱烈な愛の言葉をかけてきたが、やはりスキュラは応じなかった。

グラウコスはそれでも諦めきれず、魔女キルケーを訪問し、魔法の力でスキュラの心を変えられないか相談した。

ところが、キルケー自身がグラウコスに一目惚れしてしまう。そこで、グラコウスに対し、逃げてしまう相手よりも、自分に恋してくれた相手を選ぶべき、すなわち自分を選ぶべきだと誘いを掛けた。

しかし、グラウコスの気持ちは変わらなかった。

キルケーは腹を立てたが、それでもグラウコスを傷つけることはできない。そこで、恋敵であるスキュラに嫌がらせをしようと考えた。スキュラが水浴びをする入り江に、毒薬を流したのだ。

なにも知らないスキュラは、水浴びをしようと腰まで水に浸かった。

すると、水の中から凶暴な犬の群れが現れた。

いくら逃げても、犬はスキュラから離れようとしない。気づけば、スキュラの美しい腰や脚は既に存在しなかった。

やがてスキュラは、上半身は美しい女性のまま、下半身は6頭の犬の頭と12本の犬の脚からなる怪物へと変化していった。

この後、スキュラの精神は怪物へと変化したのか、それとも元のままだったのかはわからない。怪物に変化していた方が、まだしも救いがあるかもしれない。

怪物から石になっても恐れられたスキュラ

怪物と化したスキュラは、メッシナ海峡に腰を据えた。

メッシナ海峡は、片側には渦潮の怪物カリュブデス[1]、もう一方にスキュラがいる、とても危険な海峡となった。

オデュッセウスの航海において、この海峡を通った時、彼はスキュラの側を通った。

というのは、カリュブデスの側を通ると、大渦で船ごと沈められてしまうが、スキュラの側なら犬の首1つに1人の船員で計6人が捕まって食われるだけで、船は通れるからだ。

のちの時代には、スキュラは石と化しており、その姿を見た船員からは、それでも恐れられたという。

だがスキュラ当人にとっては、怪物のまま生き続けるよりは、死んで石になった方がマシだったのかもしれない。

1 渦潮の怪物で、船を沈めてしまう。

082

エリュマントスの猪

ERYMANTHIAN BOAR

ヘラクレスが生け捕りを命じられた人食いの大猪

ギリシア神話に登場する猪の怪物。エリュマントスとは、ギリシアに存在する山の名前である。

その近くに出没したため、「エリュマントスの猪」と呼ばれているが、猪そのものの固有名称はわかっていない。

ヘラクレスは、その12の難行の４番目として、この人食いの大猪を生け捕りにすることを命じられた。

ほとんど活躍することなくヘラクレスに捕らえられる

その頃、猪はエリュマントス山に棲み、プソーピスという町に害を及ぼしていた。

ヘラクレスは猪を討伐しにその町に行く途中、ケンタウロスのポロスに出会った。彼はヘラクレスを歓迎し、宴を催した。饗宴(きょうえん)で酒を飲みたくなったヘラクレスは、ポロスが止めるのもきかず、ケンタウロスたちの酒甕(さかがめ)に手をつけてしまった。

すると、その臭いに誘われてケンタウロスたちがやってきた。

だが、酔っ払ったヘラクレスは、中に入ってきたケンタウロスたちにたき火の燃え木を投げつけて追い払ってしまう。

さらに酒の勢いに乗ったヘラクレスは、弓矢でケンタウロスたちを追いかけた。

ケンタウロスたちは助けを求めて、ヘラクレスの師でもあるケンタウロスの賢者ケイロンが住むマレアー岬[1]まで走ったが、追い詰められてしまう。

そして、ヘラクレスは矢を放った。

すると一匹のケンタウロスの腕に刺さってしまい、さらに刺さった矢は彼の腕を貫通して、ケイロンの膝にまで達してしまう。

ケイロンは、矢に塗られていたヒュドラの毒によって耐え難いほどの苦しみにさいなまれたが、彼は不死であった。

しかし、生きている限りこの苦しみは続く。

そこでプロメテウスに不死を提供することで、ケイロンはようやく死ぬことができた。残りのケンタウロスは、あちこちへと逃げていった。

ポロスは、こんな小さいものが大きなケンタウロスを殺すのかと毒矢を手に取った瞬間、手から矢が落ちて足に刺さってしまい、ポロスまで死んでしまった。

戻ってきたヘラクレスはポロスの死を悲しみ、感情に任せて猪を捕まえに行った。繁みから大声を上げて猪を追いかけ、雪原まで逃げて疲れ切った猪を、係蹄(くくりわな)で捕らえた。

結局、**猪は単にヘラクレスに捕らえられただけで、ほとんど活躍しなかったのである。**

1　ギリシアのペロポネソス半島にある岬。

083
アメミット
AMMIT

3つの人食い動物が合体、死者の魂を食らう幻獣

「アメミット」はエジプト神話に登場する、死者の魂を食う幻獣、もしくは女神。

アンムト、アミット、アムムト、アーマーンなど似て非なる発音の名前をいくつも持っている。その名は、**「死者を貪り食らうもの」という意味がある。**

頭はワニ、鬣（たてがみ）から前足、胴体の前半分にかけてはライオン、胴体の後ろ半分や後ろ足、尻尾などはカバの姿をしている。

この3匹は、古代エジプトにおける三大人食い動物[1]である。

最後の審判で、天秤が罪のほうにふれたらアメミットに食われてしまう

古代エジプトでは、死者の死後の世界での幸福を願って墓に入れられる文書を『死者の書』という。

死者の魂が肉体を離れ、死者の審判を受け、天国アアル[2]へと入るまでを、絵と文章で表現したものだ。死んだ人のための天国行きのマニュアルのようなものだ。

その書の中に、アメミットは登場する。

アメミットは、冥界ドゥアト[3]に住んでいる。死者がドゥアトに来ると、死者の審判を受ける。冥界の神アヌビス[4]の秤(はかり)の片方に、死者の心臓(イブ)が載せられる。

そして、もう一方には、マアト[5]が真実の羽根を載せる。秤の傾きは、アヌビス自身が判定する。

もしも、心臓と真実の羽根が釣り合っていたら、その人は死者の楽園アアルへ行ける。

しかし、もしも心臓が罪の重みで重くなっていたら、秤は釣り合いが取れずに傾いてしまう。

そうなったら、**その人の心臓はアメミットに食われ、魂を食われたことになり、もはや蘇ることはない。**

つまり、エジプト人は蘇りのために死体をミイラにするが、そうやって肉体を保存しておいても、魂がアメミットに食われて蘇らない場合もあるのだ。

1 ワニやライオンならまだしも、カバを人食い動物というと違和感がある人が多いだろう。確かに、カバはずっと草食だと考えられていたし、基本は草食であることに違いない。だが、実は他の動物を食べることもあることが、最近の研究でわかってきた。そのため、エジプトの河で、カバに襲われて食われた人間もいたのだろうと考えられている。

2 古代エジプトにおける死後の楽園。遥か東の地にある。殺された神オシリスが支配している。

3 エジプト神話における冥界で、地下にある。オシリスの領域であり、アアルに至るためには、一度は通らなければならない。

4 エジプト神話の冥界の神。犬かジャッカルの頭を持つ男性。オシリスとその妹ネフティスの間の子。

5 太陽神ラーの娘。真実の女神。頭に駝鳥の羽根をさした女性。この駝鳥の羽根が、アヌビスの秤に載せる真実の羽根である。

084

フンババ

HUMBABA

2つの顔を持つ異形の巨人

メソポタミア神話に登場する異形の巨人。

「フンババ」はアッカド語での発音で、シュメール語ではフワワという。『ギルガメシュ叙事詩』で主人公のギルガメシュの親友であるエンキドゥの説明によると、剣呑（けんのん）な口は竜で、顔はしかめっ面の獅子、胸は荒れ狂う洪水のような異形だという。

フンババには、二つの異なる特徴がある。

まず、フンババは杉の森の番人だ。

だが、杉の森はメソポタミアにはなかったため、現在のレバノンからシリアあたりに広がるアマヌス山脈に広がるレバノン杉の森のことだと推測されている。

つまり、**フンババはレバノンの杉の森の番人だ。**

実際、その地方には、女神クババとかフンバンといった似た名前の神がいたことがわかっている。

また、ギルガメシュのエンキドゥは、フンババに関して、以下のように語っている。

フンババの叫び声は洪水だ
その口は火だ
その息は死だ

この文章から、**フンババは火山を擬人化したものではないかという見方もある。**

ギルガメシュの嘘に乗せられ、あっさり退治されてしまう

ギルガメシュとフンババの対戦は、ギルガメシュが名声を求めて杉の木を手に入れようとしたのが始まりであった。

杉の木はフンババが守っていた。フンババは、杉の木を倒そうとするギルガメシュに、「ニ」を発した。

これは「驚愕の光輝」という霊気の一種で、人を眠らせてしまう。

ギルガメシュも眠ってしまったが、一緒に戦っていたギルガメシュの親友エンキドゥはわずかに眠っただけでいち早く目覚め、ギルガメシュを揺り起こした。

ギルガメシュは、フンババに姉エンメバラゲシと妹マトゥルを妻として与える代わりに、「ニ」を寄越すようにいった。そして「ニ」を得たところで、フンババを殴って捕らえた。

ギルガメシュはフンババに慈悲をかけようとしたが、エンキドゥはそれを止め、フンババの喉を掻き切り、首級(しるし)を革袋に入れた。

085

開明獣

KAIMÍNGSHÒU

9つの頭を持ち、虎より大きい帝の都を守る神獣

「開明獣」は、中国古代の伝承に登場する賢い怪物だ。神獣とされることもある。中国最古の空想的地理書『山海経』の『海内西経』に開明獣について記されている。

その姿は虎に似ているがより大きく、9つある頭はすべて人間の顔をしている。ただし、頭のうち1つだけが大きく、他の8つは小さい。

崑崙(こんろん)は天帝の地上における都だが、ここに入るには9つの門を通過しなくてはならない。

この門を守るのが開明獣だ。崑崙の都に立って東を向いている。

ただし、開明獣だけでは不足するのか、四方にそれぞれ異なる怪物がいる。

崑崙の西には、鳳凰(ほうおう)・鸞鳥(らんちょう)がいる。それらは、頭に蛇を戴き、足で蛇を踏みつけ、胸に赤い蛇を持って、崑崙を守っている。

崑崙の北には、視肉もいる。

また、不死の樹などの様々な木がある。鳳凰・鸞鳥もいるが、こちらは盾を頭に戴いている。

崑崙の東には、巫彭（ふほう）・巫抵（ふてい）・巫陽（ふよう）・巫履（ふり）・巫凡（ふぼん）・巫相（ふそう）という6人の巫（かんなぎ）がいて、窫窳（あつゆ）（248ページ）の死体を囲んで、死の気が広がるのを防いでいる。

（248ページ）

崑崙の南には、樹木があって、鳥がいる。特に珍しいのが、6つの首のある樹木だ。その首は、蛟（みずち）・蝮（まむし）・蛇・蜼（おながざる）・豹（ひょう）・鳥秩[1]の樹だ。

蜀の立国に力を貸した開明獣

蜀（しょく）[2]の伝説では、蜀の立国に開明獣が力を貸したというものがあり、皇帝家は開明氏と名乗った。そのため古蜀は開明朝と呼ばれた。

『山海経』には、『西山経』に「陸吾」という神獣の記述がある。

崑崙の丘は天帝の下界における都で、それを守るのが神獣・陸吾だという記述だ。

姿は虎で、尻尾が9本ある。人間の顔に、虎の爪。天の九部[3]と帝の囿時（ゆうじ）[4]を司るという。

開明獣と陸吾は、姿形がよく似ており、またその役目も同じことから、同じものの別名だと考えられている。

1　どんな生き物なのか不明。
2　劉備の作った三國志時代の蜀ではなく、紀元前4世紀頃に同地に存在した国。古蜀ともいわれる。
3　『淮南子』では、天は中央と東西南北、東北・東南・西北・西南の9つにわける。
4　春夏秋冬のこと。

086

麒麟

QÍLÍN

1000年、2000年の寿命を持つすべての獣が従う「獣の王」

麒麟は中国神話に登場する伝説の獣だ。神獣とも霊獣ともいわれ、獣の王とされる。鳥の王たる鳳凰と、並べ称されることが多い。

前漢の博物記『淮南子』[1]によれば、毛犢が應龍[2]を産み、應龍が建馬を産み、建馬が麒麟を産み、麒麟が様々な獣を産んだとされる。

このため、すべての獣は麒麟に従うのだという。聖なる獣なので、寿命は1000才とも2000才ともいわれる。

麒麟は、体高は5mほどもある巨大な獣で、顔は龍、鹿の身体、馬の脚、牛の尻尾、身体全体は鱗で覆われている。

頭には、1本の角がある。角は本来1本だったが、のちには2本の麒麟の方が多く描かれるようになった。希に3本の麒麟もいる。

背中に生えた毛は五色[3]に彩られており、色によって名称が異なる。

青いものを聳狐（しょうこ）、赤いものを炎駒（えんく）、白いものを索冥（さくめい）、黒いものを角端（かくたん）、そして黄色いものを麒麟という。

角端は、1日に1万km近く走ることができ、あらゆる国の言葉を話せる上、死後の世界についても詳しいという。

麒麟は、雄を麒、雌を麟という説もある。この場合、雄の麒には角がない。

温和で命を大切にする聖獣だが、怒らせるととんでもなく怖い

麒麟は、大変に温和で、命を大切にする聖獣だ。

歩く時も、足下の虫や草を踏まないように一歩ずつ気をつけるほどだ。だが、麒麟の戦闘力は非常に高い。

口から火を吐き、鳴き声は雷のごとく魔を祓（はら）い妖怪たちを調伏（ちょうぶく）させる。

また、麒麟が現れるということは大変な吉兆だとされる。

このように出現が吉兆とされる生物を瑞獣（ずいじゅう）というが、その中でも麒麟と鳳凰・霊亀・應龍が特別とされ、合わせて四霊という。

優れた人物のことを麒麟児というのも、その人物の登場が吉兆だということの表れだ。

逆に、麒麟の死体を発見したり、傷つけたりしてしまうのは、極めつけの凶兆とされる。

ちなみに、動物のキリンは、明の時代に鄭和の艦隊によってアフリカから中国に連れてこられた。

その時に、中国名として麒麟と名付けられたようだ。それが日本に伝えられて、日本ではキリンのことを麒麟というようになった。

ただし、現在の中国では、キリンは長頸鹿と呼ばれていて、麒麟ではない。

1　前漢の淮南王劉安が食客らに編纂させた博物記。かつては内篇と外篇があったが、現在では内篇しか残っていない。

2　黄帝の直接の配下である龍。4本足で、翼を持つ。

3　中国では、青が東、赤が南、白が西、黒が北、そして黄色が中央を表す。麒麟は中央なので、一番偉いということになる。

087

四凶

SIXIONG

中国の四方に流された悪神たち

「四凶(しきょう)」とは、怪物の名前ではない。

古代中国において、中国の四方に流された四体の悪神をまとめて四凶と呼ぶ。

孔子が編纂したという史書『春秋』がある。

その『春秋』の代表的な注釈書が『春秋左氏伝』で、そこに文公18年（紀元前609年）に登場するのが、四凶だ。

まずは、「渾沌(こんとん)」だ。

崑崙(こんろん)の更に西に棲むという長い毛を生やした犬で、四肢には爪がなく、目も耳もあるが見ることも聞くこともできない。常に自分の尻尾を追いかけてグルグルと回っているだけだ。

善人を嫌い、悪人に阿る。悪しき性根の持ち主とされる。

ただし、『荘子』によると、目・耳・鼻・口の七孔のない中央の帝とされる。南海の帝儵と北海の帝忽は渾沌の徳に報いようと、1日一つずつ7つの竅を開けてやったが、7日で渾沌は死んでしまう。

これが、有名な「渾沌、七竅に死す」もしくは「渾沌に目鼻をつける」の故事であり、無理に理屈をつけること（そしてそのために失敗すること）を意味する。

次に「檮杌」がいる。人間の頭の虎で、全身に二尺（60cmくらい）の長い毛が生えている種族だ。虎よりも大きく、猪のような牙を生やし、一丈八尺（5.4mくらい）もあろうかという長い尻尾を持つ。

尊大かつ頑固で学ぼうという心がなく、そのため「難訓（訓え難い）」という別名がある。

ただし、それだけに戦って敗北しかけても、決して逃げることなく死ぬまで戦う。

3つ目は「窮奇」だ。『山海経』の『海内北経』では翼の生えた虎で、人食いの怪物だ。

だが『西山経』では、ハリネズミのような毛が生えた牛で、やはり人を食うという。『神異経』では、有翼の虎で人語を解し、言い争っている人がいると、正しい方を食ってしまうという。

ただし、災厄を食ってくれるありがたい獣だという説もある。

最後に「饕餮」がいる。

神話の怪物で、体は羊で頭は人、頭には羊のような角が生えている。牙は虎で、爪は人、財を集め食をむさぼる怪物だ。

ただ、なんでも食うことから、魔を食らうとして魔除けに使われることもある。

『書経』にも四凶が登場するが、こちらは「共工」「驩兜」「鯀」「三苗」と、全く異なる名前が並んでいる。

共工は人面蛇身の水神で、洪水を起こすとされる。驩兜は三皇五帝の一人である堯の息子で円朱のことだとされる。鯀は夏朝の創始者である禹の父だという。三苗は堯に対して反乱をおこしたとされる。

いずれも怪物というよりは、罪人もしくは悪神であり、四罪ともいわれる。

【冒険後記⑤】　遺跡の探索

かつて人が暮らしていた遺跡の中は、モンスターだらけだった

大きな遺跡を見つけた時のことだ。

遺跡は、故郷の町の何倍もの広さがあり、巨大な建造物もあった。

そして、モンスターが住み着いていた。

往来をのし歩くモンスター。

建物の奥に居座っているモンスター。

資料館で教えてもらったことのあるモンスターもいれば、そうでないモンスターもいる。

モンスターは、なぜかこっちを襲ってこなかった。

何度か遺跡にトライして、こちらが手を出さなければ、基本的にはモンスターも襲ってこないと、理解した。

遺跡は、かなり保存状態がよかった。

とはいえ、部分的に火災の形跡があったり、あちこち崩れていたり、壊れていたり、雑草に覆われていたりした。

たぶんモンスターたちは、遺跡に住み着くことはできても、修復することはできないのだろう。

一番大きな建物は、教会だった。

そこに隣接する墓地を見て、違和感を感じた。

雑草で覆われてしかるべき地面が、まるで今、掘り返されたかのように、土がむき出しになっている。

資料館で知った知識を、総動員して考える。

たぶん、そうだ。この墓地には死者ではなく、アンデッドが葬られたのだ。

そしてそのアンデッドは、土の下から定期的に抜け出しているのだろう。

さらに教会に入ってみようとした時、教会のあちこちに配置してあるガーゴイルが目覚め、襲ってきた。

それが合図であったかのように、遺跡中のモンスターがこちらに向かって突進してくる。

とっさに遺跡の町の外に逃げ出した。

幸いモンスターは外までは追ってこなかった。町の内より外の方が安全とは皮肉なものだ。

確認はできなかったが、あの教会の奥に、アンデッドのボスであろうヴァンパイアがいるのではないだろうか？

今度は相応の準備をしてから、遺跡を探索してみよう。

遺跡のモンスターすべてと、ヴァンパイアの手下たち。さらにその主たるヴァンパイアを倒すのだ。

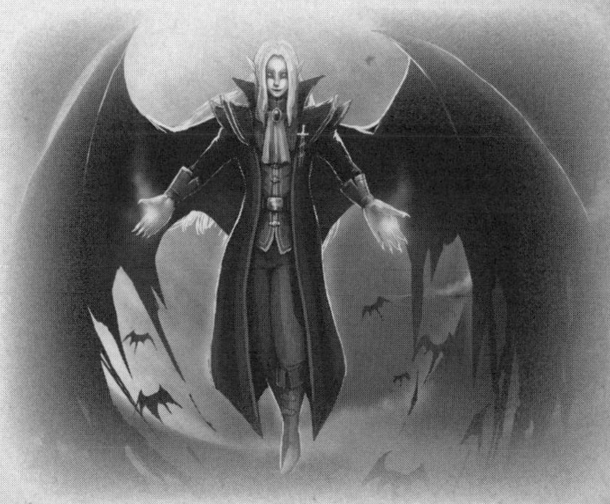

モンスターの種類を増やすのに一役買っている「四大説」「五行説」とは？

西洋風ファンタジーにおいて、あらゆるものは、火・水・風（空気）・土の４つに分類することができるという考え方がある。

これを四大説という。古代ギリシアのエンペドクレスによってあらゆる物質はこの４つの組み合わせからなるという説が提唱され、プラトンやアリストテレスが支持したため、その後、人口に膾炙（かいしゃ）した。

さらにプラトンは、４元素と多面体を対応させ、火＝正四面体、土＝正六面体、空気＝正八面体、水＝正二十面体とした。

また、アリストテレスは、４元素と「熱・冷」「湿・乾」の性質を対応させ、火＝熱・乾、空気＝熱・湿、土＝冷・乾、水＝冷・湿とし、第一質料（プリマ・マテリア）という究極の物質が性質を得ることで４つに分類したと提唱している。

西洋の四大に対して、東洋では五行説がある。万物が火・水・木・金・土の５種類の元素からなるという考え方だ。

五行説には、相生（そうしょう）と相剋（そうこく）という２つの面がある。相生とは火は土を生み、土は金を生み、金は水を生み、水は木を生み、木は火を生むという、特定の性質は別の性質を発生させるというものだ。

これに対し、相剋は、火は金を溶かし、金は木を切り、木は土を痩せさせ、土は水を止め、水は火を消すという具合に、特定の性質が別の性質に勝つという考えだ。

これが東洋風ファンタジー創作に取り入れられると、特定の性質は別の性質をサポートする（火は土を生じさせる）し、特定の性質は別の性質に剋（か）つ（水は火に勝つ）。これによって、強弱が生まれて面白くなる。

これらが、様々な創作に取り入れられて、モンスターの属性が作られるようになった。

西洋ファンタジーではドラゴンが４系統（ファイアードラゴン、ウォータードラゴン、ウィンドドラゴン、アースドラゴンなど）にわかれ、東洋風なら５系統（火龍、水龍、木龍、金龍、土龍など）にわかれる。こうして、四大説と五行説はモンスターのバリエーション増加に一役買っている。

第6章

ラスボス級モンスター

【モンスター資料館館長からのメッセージ⑥】

「本当のラスボスは人間なのかもしれん」

いやー、もう帰ってこないかと心配していたよ。ずいぶんと噂すら入ってこなかったからね。
それが今やヴァンパイアを倒した英雄であり、財宝を持ち帰った大金持ちというわけだ。
君たちのおかげで、この資料館もどんどん充実した。
君たちも、そろそろ町に落ち着いてはどうかね？
なに？　まだ冒険し尽くしてない？　君たちは根っからの冒険者いや、さすがは英雄だ。
実は君たちが活躍するほど、君たちをねたみ、疑う者も増えてきてるんだ。
町のお偉いさんの中には、君たちが自分の地位を脅かすのではないかと、疑心暗鬼に陥っている者もいる。
いやはや、一番怖いのはモンスターではなく生きている人、という言葉は、残念ながら本当だよ。
そうだ！　ヴァンパイアのいた遺跡からモンスターを一掃したのなら、そこに君たちの町を新しく作るのはどうかね？　その時は私も移住させてくれたまえ。

資料館かい？　資料に書いてあることは、私の頭の中にも入っている。その上モンスターについては、今では私よりも君たちの方が、詳しいのだ。

資料館は、どこに行っても続けられるよ。

……そうか。君たちは、ラスボスを探しに行くのか。

止めはしない。ただ、問題はラスボスだ。

そのモンスターを倒しさえすれば、世の中のモンスターがすべてこの世界から消えると噂される、最強最後のモンスター。

すべてのモンスターの上に立つボス。いわゆる魔王。

……その存在は、人の夢すなわち願望にすぎないのではないかと思っているのだよ。

この資料館にも、ラスボスの情報はある。

どれも伝説にすぎん。しかも複数だ。

その情報の一つが本物なのか？　それとも全部を倒せば夢がかなうのか？

それともまだ足らないのか？

これまで、モンスターという現実に立ち向かってきた君たちを、そのようなあやふやな夢の元に送り出すことは、はばかられる。

それでも知りたいのなら、できる限りを教えよう。

エキドナ、ドラゴン、デーモン。これらのモンスターは、確かにいる。

ヒュドラ、ウェンディゴ、リヴァイアサン。これは何かを見間違えたものかもしれん。

……情報だけは、まだまだある。わかっているだけの情報すべてを、君たちに教えよう。気が済むまで冒険するとよい。

けれどたまにはここへ戻ってきて欲しい。君たちが出会ったモンスターについて、記録させてくれ。それが私の望みなのだよ。

088

エキドナ

ECHIDNA

ケルベロス、オルトロス、ヒュドラ……全部エキドナの子ども！

ギリシア神話における怪物たちの母として知られているのが、エキドナだ。上半身は煌めく目をした美しい女精(ニンフ)だが、下半身は斑(まだら)のある巨大な蛇だ。

この姿は共通しているが、その出自や事績は文献によって全く異なる。

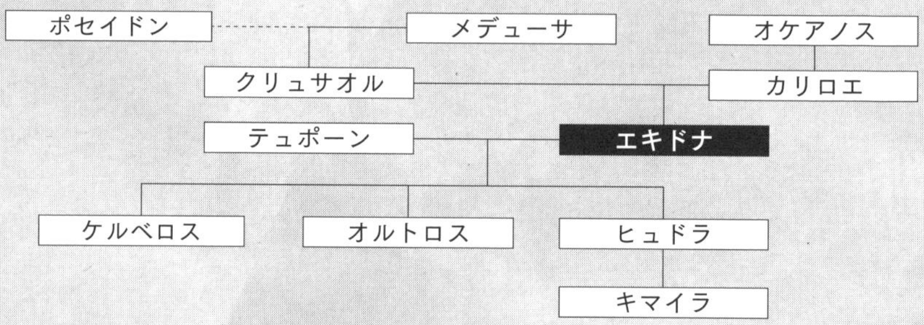

左ページ下の系統図は、紀元前700年頃のギリシアの詩人ヘシオドスによって書かれた『神統記』のエキドナの系譜だ。

メデューサが、英雄ペルセウスに首をはねられた時、その血から神馬ペガサスとクリュサオルが生まれた。メデューサは海神ポセイドンの愛人であったので、この2者はポセイドンの子でもあるといわれている。

そのクリュサオルが、これまた海神オケアノスの娘カリロエと同衾（どうきん）した。

こうして生まれたのが、神でも人でもない不死身のエキドナだ。

彼女はテュポーンの妻となって、数々の怪物の母となった。ケルベロス、オルトロス、ヒュドラなど、ギリシア神話の有名どころの怪物たちはことごとくエキドナの子どもたちだ。さらに、テュポーンが殺されたあとには、息子のオルトロスと同衾してネメアの獅子も産んでいる。

だが、紀元1～2世紀ごろに編纂されたと考えられているアポロドーロスの『ビブリオテーケー』では、かなり異なる。

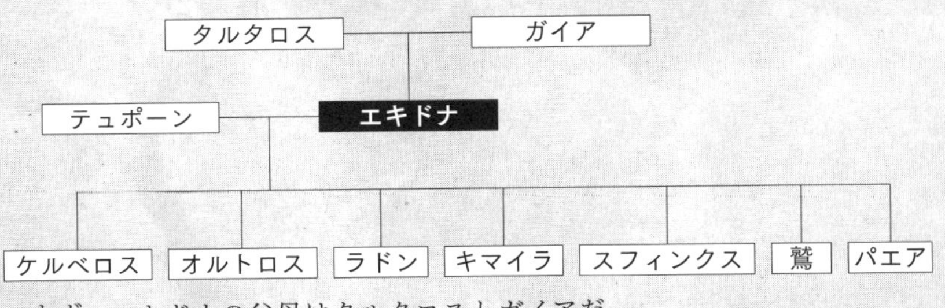

まず、エキドナの父母はタルタロスとガイアだ。

さらに、エキドナの子どもたちも異なる。キマイラはエキドナの直接の子だが、謎かけをする怪物スフィンクスや、100の頭を持つラドン、プロメテウスの肝臓をついばむ鷲、テセウスに殺された牝猪パエアも、エキドナの子どもとなっている。

なにより**大きな違いは、エキドナは不死ではないところだ。**

洞窟に潜んで、人間を食っていたので、100の目を持つ巨人アルゴスに退治されて殺されたとされている。

いずれにせよ、エキドナが多くの怪物の母であることには、変わりはない。様々なギリシア神話でエキドナの子どもとされている怪物を集めてみると、**ヘラクレスの12の難行のうち、半分がエキドナの子孫であることからも、エキドナがいかに怪物の母として知られていたかがわかるだろう。**

089
ドラゴン
DRAGON

なぜ西洋のドラゴンは「悪」で、東洋の龍は「善」なのか？

伝説のモンスターの代表といえば、「ドラゴン」だ。

日本を含む東洋では「龍」、もしくは「竜」と表記され、世界中でモンスターの代表格となっている。

では、ドラゴンとはどんなモンスターのことをいうのだろうか。

よくあるイメージは、四つ足でトカゲのような鱗を持ち、翼があって空を飛ぶ巨大なモンスターだろう。

ところが、ドラゴンの伝承を調べてみると、西洋のドラゴンと東洋の龍では姿が全く違う。

西洋のドラゴンは、前述のイメージ通りの姿だが、東洋の龍は蛇のように長い胴体をしており、角と髭があって、翼はないが空を飛ぶ。

だが、**西洋のドラゴンと東洋の龍の最大の違いは、善悪だ。西洋のドラゴンは悪とされるが、東洋の龍は神もしくは聖獣とされる。**

元々ドラゴンは、大河の象徴だといわれる。大河がもたらすものは、豊かな実りであるとともに、恐ろしい水害である。

古代の人々は、大河に感謝と共に恐れを抱いていた。そのため、ドラゴンは善でもあり悪でもある存在であった。

本来は大河を模して、細長い蛇のような姿をしていたとされる。その意味では、東洋の龍の方が、古い姿を残しているのだ。

では、この違いはどうして生まれたのだろうか。

＜西洋のドラゴン＞ドラゴンではなくドラコンだった!?

そもそも「ドラゴン」という言葉は、ギリシア語のドラコンからきたものだ。

ドラコンとは、蛇などの水棲爬虫類を意味する言葉だ。

ギリシアにはワニなどはいなかったので、ドラコンはつまり「蛇」を意味した。ただ、対岸のエジプトには存在したので、ワニもドラコンに含まれていた。

そこから爬虫類型のモンスターも、ドラコンと呼ばれるようになった。

ギリシア神話でいうなら、ヒュドラやラドンがドラコンだ。

だが、ヒュドラもラドンも頭が多数ある蛇であって、翼など生えていないし、足もない。

また、ヒュドラもラドンも恐ろしい怪物ではあるが、悪ではない。

＜インドのドラゴン＞象を絞め殺し血を飲むが、象と相討ちになることも

キリスト教とは無縁だった1世紀ローマ。

その当時は、ドラゴンは火の象徴となっていた。ドラゴンはあっという間に家や人々を焼き尽くすほどの火力を持つモンスターであるからだ。

ドラゴンが財宝を抱えているという伝承があるのは、上手く使えば、鍛冶・料理など素晴らしい財宝が得られることを教えているのだという。

その時代の大博物学者プリニウスの『博物誌』に、ドラゴンの生態についての記載がある。

それによれば、ドラゴンは火の怪物だ。口から火を吐くし、流れる血液も

炎だという。そして自分の熱で死んでしまわないように、大量の水を飲む。

また、**インドのドラゴンは水ではなく、象の血液を飲んで身体を冷やす。象に巻き付いて絞め殺し、その血を飲むのだ。**

だが、象は死ぬ時に、ドラゴンの上に倒れ込んでその重量でドラゴンを押し潰すので、相討ちになるのだという。

これから考えると、ドラゴンとは象に巻き付いて絞め殺せるほどには巨大な蛇であるが、象に押し潰されるくらいには小さい。

<キリスト教のドラゴン>善=神、悪=ドラゴンのイメージが固まる

キリスト教の登場まで、ドラゴンは恐ろしい化物ではあったものの、悪というわけではなかった。

だが、**キリスト教『新約聖書』の「ヨハネの黙示録」において、悪魔がドラゴンの姿で現れることになったのが、イメージの凋落の始まりとなった。**

そして、キリスト教が広まるにつれ、ドラゴン＝悪魔というイメージが広まり、どんどんドラゴンは悪へと染まっていった。

一神教にとって、絶対的な力を持つ善なる存在は唯一「神」のみだ。

だからこそ、人間にとって絶対的な強者であるドラゴンは、悪でなければならなかった。西洋のドラゴンの翼は、悪魔の翼からきたのかもしれない。

中世の頃には、ドラゴンを退治したり鎮めたりすることは、キリスト教の聖人の行う奇跡の一つとされていた。『黄金伝説』にも幾つもの説話がある。

ドラゴンは、悪魔のたぐいなので、神の力には弱いのだ。

聖女ヒルデガルトの著書では、ドラゴンは乾性の生き物で、すごい熱を持つという。そのため、吐いた息は即座に燃え上がる。キリスト教徒の記述するドラゴンだから、当然人間を憎んでいる上、邪悪な魔法を使う。

この頃には、**ドラゴンの姿は、現在おなじみの四つ足に翼を持つ姿になっている。**

<聖シルウェステルのドラゴン>サタンと同一視されて退治される

第33代ローマ教皇であった聖シルウェステルは、４世紀の実在の人物だ。

ローマ皇帝コンスタンティヌス大帝の病気を奇跡によって治療し、ローマ皇帝をキリスト教徒にしたことで、その名が知られている。

この教皇が、なんとドラゴンを封印したという伝説が残っている。

彼が皇帝に洗礼を施してしばらくしてからのことだ。偽りの神（注：ローマの神々のことだと思われる）の２人の祭官が皇帝に奏上した。

「至聖の主なる皇帝陛下に申し上げます。陛下がキリスト教徒になられて以来、洞窟に住む竜が毎日300人以上の人間をその毒気で殺しております」

そこで皇帝は、聖シルウェステルに助言を求めた。

すると、聖シルウェステルは、

「キリストの御力によって、竜を無害なものにいたしましょう」

と答えた。

奏上した祭官たちも、それができるなら、私たちもキリストに帰依（きえ）しようと約束した。もちろん、彼らはシルウェステルにそんなことができるわけがないと思って、笑いものにしてやろうと考えていたのだ。

ドラゴン退治に行く前にシルウェステルが神に祈ると、300年ほど昔に殉教したはずの聖ペテロが現れて、

「恐れずにあなたの司祭を２人つれて、竜の棲む洞窟に出かけなさい。竜のところに着いたら、竜にこう言いなさい。『おとめより生まれ、十字架にかけられ、葬られ、復活され、そして神の右に座っておられる我が主イエス・キリストは、いつか生けるものをも死せるものをも裁くために来臨されるであろう。サタンであるお前は、この洞窟の中で裁きの日を待っておるがよい』と。そして竜の口を紐で縛り、聖なる十字架の印を彫った印章で封印しておきなさい。あなたは、それがすんだら、私のところに来て、私が用意しておくパンを食べるのです」

と言った。

なんと、聖ペテロによれば、**そのドラゴンはサタンだったのだ。**

ちなみに、ここで聖ペテロが現れたのは、ペテロが最初のローマ教皇であり、33代目の教皇の継承者シルウェステルにとっては、もっとも尊敬すべき使徒だからであろう。

シルウェステルは、ペテロの言葉に従い、150段の階段を下ってドラゴンに会いに行った。そして、ペテロの言葉通りのことをドラゴンに話した。

当然ドラゴンは怒って歯ぎしりし、毒の息を吹きかけたが、シルウェステルは無事だった。そして、その口を紐で縛ってしまった。

毒の息を封じられたドラゴンは、もはや周囲に毒を振りまくこともできず、十字架の印章によって洞窟に封印されてしまった。

シルウェステルが、洞窟から上がってくると、異教の祭官は毒気にやられて気を失っていた。彼は、２人を洞窟から担ぎ出してやった。

こうして、ローマの人々も、２人の祭官も、キリストの教えを信じるようになったという。

聖ペテロの「あなたの司祭を２人つれて」という言葉は、異教の２人の祭官がキリスト教信者となり、シルウェステルの司祭となることの預言だったのだといわれている。

＜東洋の多神教の龍＞人に恩恵をもたらすが、怒って人間を滅ぼすことも

東洋では、龍は神と同格の存在であった。多神教の文化がそのまま残っているので、神的な存在が複数いても全く問題なかったのである。

多神教の神は、完全な善の存在ではない。多くの場合は、崇拝者に恩恵をもたらすが、時にはその怒りで人間を滅ぼすこともある。つまり、**恩恵も破壊ももたらす神と同じ立ち位置であった。**

姿が古いままなのも、昔から文化がさほど変わっていないからかもしれない。

＜中国の龍＞500年単位で変化、1500年経つと成人する

中国では、龍は聖獣として崇められている。**龍は、野蛮な暴れ者ではなく知性ある生き物で、人間よりもよほど理性的だ。**

大河の象徴である点では、中国の龍もドラゴンと変わらない。そして、神通力を持ち、雲・雨・風・雷などを呼ぶことができる。

中国の龍には、ランクがある。

泥水の中で育った蝮(まむし)は、500年過ぎて蛟(みずち)となる（雨龍(うりゅう)もしくは蛟龍(こうりゅう)ともいう）。蛟は蛇に似ているが、足が４本ある。しかし、角はまだない。

蛟は1000年過ぎて龍となる。龍になると成人と見なされる。

龍は500年過ぎて角龍となる。その名の通り角が立派になるというが、その差はよくわからない。

角龍は1000年過ぎて応龍となる。この応龍が、我々が絵姿で知る龍のことだ。前足（手）に龍玉を持っている。

そして年老いた応龍は、黄龍となる。

この黄龍が、陰陽五行説でいう東に蒼竜、南に朱雀、北に玄武、西に白虎の中央にいる黄龍だ。

『山海経』の『大荒東経』には、干ばつの時に応龍の形を真似ると大雨が降ると書かれている。つまり、応龍の姿の像を作って拝むのだろう。龍は水神でもあるのだ。

余談だが、出世の関門を「登竜門」というのは、鯉（こい）が竜門という急流を遡（さかのぼ）って竜になるという中国の故事を由来としている。日本の鯉が瀧を登って竜になる、という伝説と酷似している。

また、龍は皇帝を象徴するものとされる。皇帝の顔は龍顔というし、皇帝の服は五つ爪の龍をあしらっている。皇帝以外は、五つ爪を使うことを許されないのだ。

ちなみに、貴族や高級官吏は四つ爪を、下級官吏や庶民は三つ爪を使う。

中国の皇帝が外国の国王を王に封ずる時に贈る品にも、四つ爪しか使われない。

西洋のドラゴンと東洋の龍の境目は、インドとイランの間にあった

西洋ドラゴンと東洋の龍は、このように真逆の存在ともいえる。では、この両者がわかれる境目は、どこにあるのだろうか。

正確にはわかっていないが、**インドとイランの間くらいではないかといわれている。**

というのは、**昔からインドとイランは、宗教上の神々について対立関係にあったからだ。**

インドの神様がイランの悪魔の名前であり、イランの神様がインドの悪魔の名前になっているほどだ。

イランでは、アジ・ダハーカ（242ページ）という蛇の怪物や、蛇王ザッハークという恐ろしい王がいる。つまりイランでは、蛇は邪悪な怪物とされている。

それに対してインドでは、ナーガという蛇の神もしくは精霊がいて、釈迦が悟りを開く時に守護を行った。

また、法華経に出てくる八大竜王もナーガの王とされ仏教を守護している。しかし、ヴリトラ（244ページ）という蛇の怪物がいるのも確かだ。

インドでの蛇は怪物の面もあるが、神もしくはその眷属（けんぞく）となっている例が多い。

090

デーモンとデビル

DEMON DEVIL

悪魔にはデーモンとデビルの二系統がある!?

キリスト教において、神の敵といえば悪魔だ。けれども、**実は悪魔に「デーモン」と「デビル」の二系統あるのを知っている人は意外と少ない。**

どちらも悪魔と訳されることが多いが、実際は少し違う。

デーモンは、**聖書では悪霊と訳されていることもある。キリスト教とは別系統の神霊だ。**古代では、一神教は存在しなかった。つまり世界には数多くの神々が併存していた。

ところが、ユダヤ人はユダヤ教という一神教を作った。その一派であるキリスト教も、当然一神教だ。

ところが、一神教は神様が一柱しかいないという教えなので、他の宗教の神が存在していては教義に矛盾が生じる。そこで一神教は、他の宗教の神々はすべて悪霊であって、偽の神であるということにしたのだ。

これは大変都合のいい考えだ。なにしろ、敵対民族は偽神を信奉する愚かで悪辣な連中なのだ。どれだけ残酷な行為を行っても、それは奴らへの天誅であって悪行ではない。その意味で、一神教は、味方の結束を強めるには最適な宗教だ（ただし、敵は多い）。

そして、**この偽神こそがデーモンなのだ。つまり、キリスト教の外に存在する敵なのだ。**

もちろん、現代では宗教融和によって、他の宗教の神を悪し様に貶めるわけにはいかないが、イエスが生きていた当時、イスラエルの宗教の神々などはどれもデーモンとされ、悪魔として貶められている。

例えば、バアルなどはヤハウェよりも遙かに有力なカナン地方（当時のイスラエルをそう呼んだ）の豊穣神だが、キリスト教においては悪魔の首領たちの１人にされてしまっている。

これに対しデビルはというと、キリスト教内部の敵だ。キリスト教神話に神の敵として現れる。

デーモン	悪霊	キリスト教やユダヤ教とは無関係に、他の宗教の神であったために、偽神として貶められた悪魔
デビル	堕天使	元は天使だったが、神に反逆したり、淫欲に負けたりして、堕天してしまった悪魔
	悪魔	最初から悪魔として登場した悪魔

デビルの代表といえば、サタンやルシファーなどだ。

特にルシファーは、元々は天使の中でもっとも高位にあり、神に次ぐといわれた偉大な天使だ。しかし、ルシファーは神に反逆してしまう。

神は自らの似姿として最初の人間アダムを作り、天使にアダムに拝礼せよと命じた。これに我慢ならなかったルシファーは、仲間を募って神に反逆した。結果、神に敗北して地獄に落とされることになった。それでも、ルシファーは反逆の意志を失わず、今でも報復の機を狙っているといわれている。

彼らのように、神に反逆したために堕天した天使のことを堕天使といい、彼らがすなわちデビルなのだ。

だがのちには、天使が堕天したのではなく、最初からデビルとして登場する悪魔も登場するようになった。

091

ヒュドラ

HYDRA OF LERNA

ヤマタノオロチよりも多い、9つの頭を持つ女の大蛇

ギリシア神話には様々な蛇の怪物が登場するが、その代表ともいえるのがヒュドラだ。音訳の都合で、ヒドラとかハイドラ[1]と呼ばれることもある。

ヒュドラは、テュポーンとエキドナの間に生まれた3番目の子どもとされる女怪だ。その姿は9つの頭を持つ大蛇で、そのうち8つの頭は殺すことができるが残る1つは不死だという。

しかも牙には毒があって、1回でも噛みつかれたら死ぬ。

ヘラクレスの難行に数えられなかったヒュドラ退治

ヒュドラはレルネーという土地の沼に住んでいたが、たびたび沼から出てきては家畜や人を襲って食っていた。

そこでヒュドラの退治を頼まれたのが、ギリシア神話最大の英雄ヘラクレスだ。

当時のヘラクレスは、贖罪のために10の難行[2]を課せられていた。その一つとして、ヒュドラ退治を命じられたのだ。

そこで、ヘラクレスは甥のイオラオスを御者にした戦車[3]に乗り、ヒュドラ退治に出かけた。

ヒュドラはアミュモネの泉にいたので、泉から火矢で追い出した。そしてヒュドラが出てきたところに組み付いた。

もちろん、ヒュドラも黙っていない。ヘラクレスの片足に巻き付いて締めあげた。

しかも、ヘラクレスの足元でヘラが送った大蟹がハサミで足首を挟んでくる。というのも、ヘラクレスはヘラの夫ゼウスが浮気して作った子どもだからだ。

ゼウスは、何とか許してもらおうと子どもにヘラクレス（ヘラの栄光）という名を付けたものの、ヘラの怒りは収まらなかったのだ。

ヘラクレスは、大蟹を踏み潰し、ヒュドラの頭を棍棒で一つ一つ叩き潰していった。しかし、1つの頭を潰しても、そこから2つの頭が生えてくる。さすがのヘラクレスもたまらず、イオラオスに助けを求めた。

そこでイオラオスは、近くの森に行ってたいまつを作り、ヘラクレスが頭を潰したところを即座に火で焼いて、次の頭が生えてくるのを阻止した。

こうして8つの頭は潰したが、不死の頭だけは殴っても焼いてもどうしようもない。

そこで、不死の頭を胴体から切り離して、道の傍らに埋めて、上から大きな石を重しに載せた。残ったヒュドラの胴体は引き裂いて、胆嚢の胆汁に矢を浸して毒矢を作った。

このように、ヘラクレスはヒュドラを倒したのだが、倒す時に甥のイオラオスの力を借りたので、難行の一つとして認められなかった。

だがヒュドラの毒矢は、その後もヘラクレスの冒険の助けとなった。

そしてヘラクレスの死も、このヒュドラの毒によるものだ。ヘラクレスに殺されたヒュドラは、その毒によって仇討ちをしたのである。

1　ハイドラは英語での発音。
2　実際には2つ失敗したことにされたので、ヘラクレスの12の難行として記録されている。
3　戦車とは、馬で引いた軽量の馬車のこと。御者が運転し、兵士が乗って、弓や長柄武器で戦う。

092

ウェンディゴ

WENDIGO

人に取り憑いては、人食いに変身させる恐ろしき精霊

アメリカ北部からカナダにかけて居住するインディアンたちの伝承に現れる精霊。

その姿は、ひからびた死体に似ている。肌は灰色っぽくカサカサで、水分が抜けたのか、骨の上に皮が張り付いたようになっている。目は穴だけで、不快な腐敗臭がする。

だが、その大きさは定まらない。10mもの巨大な「ウェンディゴ」を見たという者もいれば、小人のウェンディゴを見たという者もいる。もちろん、人間サイズのウェンディゴもいるらしい。

ウェンディゴは常に飢えており、人間を食う。１人で歩く旅人がいると、後ろからついてくる。旅人が気配を感じて振り返っても、そこには誰もいない。それが何日も続き、旅人が精神を病んで弱った頃合いを襲って食うのだという。

ウェンディゴの恐ろしさは、それだけではない。**人間に取り憑くのだ。**

ウェンディゴに取り憑かれた人間は、体の内側から凍えるような寒さを感じるようになり、段々とウェンディゴに変化していく。

そして、人を食いたくてたまらなくなる。実際に食ってしまい処刑されたり、人食いになるよりはと自殺してしまう者もいる。

ただ現在では、このような症状はウェンディゴ病と呼ばれており、冬期のビタミン不足などが原因で起こる精神病の一種だと考えられている。

当時、ウェンディゴに取り憑かれた人間を救う方法として、人肉の代わりに熊の肝や脂肪を食わせるというものがあった。

これによって栄養状態が改善され、治ったのではないかと現在では考えられている。実際、栄養状態が改善された現代において、ウェンディゴ病に罹(かか)る人間はいない。

さらった人間を地球外に連れていくウェンディゴがいる!?

もう一つウェンディゴには新たな姿がある。

それは、クトゥルフ神話のウェンディゴだ。ラヴクラフトの高弟・オーガスト・ダーレス[1]が1933年に書いた『風に乗りて歩むもの』に、風の旧支配者ハスターの眷属としてイタクァという大気の邪神が登場する。

人間に似た輪郭を持ち、赤く燃える2つの目を持つ巨人とされる。

このイタクァ（もしくはその化身・眷属など）を、アメリカ・インディアンはウェンディゴとして恐れているという設定の作品だ。

イタクァにさらわれた人間は地球外へと連れ去られ、戻ってくる時に地上への落下の衝撃で死ぬ。

運良く生き残っても、その体は宇宙の冷気に適応してしまっており、暖かな地上には耐えきれない。だが、死ぬ前に人間には知り得ない謎の知識や文字、不思議な品などを残すことがあるという。

1　オーガスト・ダーレス（1909〜1971）。アメリカのホラー作家。ラヴクラフトの作り出したクトゥルフ神話体系を愛好し、ラヴクラフトの作品を出版するアーカムハウスという出版社を立ち上げつつ、自らも様々なクトゥルフ神話ホラーを執筆した。

093
リヴァイアサン
LEVIATHAN

あまりに強すぎて、神がその出来を自慢したほどの最凶聖獣

聖書には何匹もの怪物が登場するが、その中でも最強のモンスターが「リヴァイアサン」だ。

リヴァイアサンは英語の発音で、ヘブライ語ではレヴィアタンという。海に棲む巨体の怪物で、神が天地創造を行った5日目に作られたという。

元々は雄雌つがいで作られたが、あまりに危険な生物なので増えないようにと、雄は殺されて雌だけになった。

ただし、一説には雄がベヒモスで、雌がリヴァイアサンだともいう。

旧約聖書ヨブ記に、リヴァイアサンについて、詳しく書かれた章が存在する。そこから、リヴァイアサンがどんな怪物なのか見てみよう。

背中は盾の列／封印され、固く閉ざされている。／その盾は次々と連なって／風の吹き込む透き間もない。

この文で、背中にある盾とは、盾のように固い鱗のことだと考えられている。

剣も槍も、矢も投げ槍も／彼を突き刺すことはできない。／鉄の武器も麦藁となり／青銅も腐った木となる。／弓を射ても彼を追うことはできず／石投げ紐の石ももみ殻に変わる。

もし仮にリヴァイアサンの鱗を貫くような武器があったとしても、かすり傷にしかならないだろう。

よほど、**リヴァイアサンの出来が自慢だったのだろう。**神は、こう語っている。

彼のからだの各部について／わたしは黙ってはいられない。力のこもった背と見事な体格について。／誰が彼の身ごしらえを正面から解き／上下の顎の間に押し入ることができようか。／誰がその顔の扉を開くことができようか。

その姿は、巨大魚説、カバ説、ワニ説、鯨説など様々あって、いずれとも定めがたい。ただ、旧約聖書イザヤ書第27章第１節には、こうある。

その日、主は／厳しく、大きく、強い剣をもって／逃げる蛇レビヤタン／曲がりくねる蛇レビヤタンを罰し／また海にいる竜を殺される。

このことから見ても、ウミヘビの一種で古い姿のドラゴン（昔のドラゴンは蛇型だった）と考えるのが適当だろう。

しかしキリスト教では、リヴァイアサンは神が作った聖獣から、悪魔の首領の一人へと変わってしまった。七つの大罪のうち、「嫉妬」を司り、いかなる悪魔払いも通用しない恐ろしい悪魔へと変貌した。

094
ベヒモス
BEHEMOTH

神しか剣を突き刺せないほど強いが、意外にも草食系の聖獣

聖書に、リヴァイアサンと並んで登場する陸の怪物が「ベヒモス」だ。イスラム教では、バハムートという名で知られている。その姿形は、よくわかっていないが、象か河馬(かば)がモデルではないかといわれている。

18世紀のウィリアム・ブレイクの絵（右ページ上絵）では、鎧のある河馬（絵の真ん中あたり、下はリヴァイアサン）のように描かれているし、現在でも河馬か犀(さい)か牛に似た姿で描かれていることが多い。

旧約聖書ヨブ記には、神がヨブにベヒモスのことを伝えている場面がある。

見よ、ベヘモットを。お前を造ったわたしはこの獣をも造った。これは牛のように草を食べる。

ベヒモスは、**意外にも草食の獣なのだ。**ただし、侮ってはならない。

見よ、腰の力と腹筋の勢いを。
尾は杉の枝のようにたわみ／腿の筋は固く絡み合っている。
骨は青銅の管／骨組みは鋼鉄の棒を組み合わせたようだ。

その力強さは、他に比較のしようがない。**何しろ神自身が、ベヒモスは傑作であるといっているのだから、間違いない。**

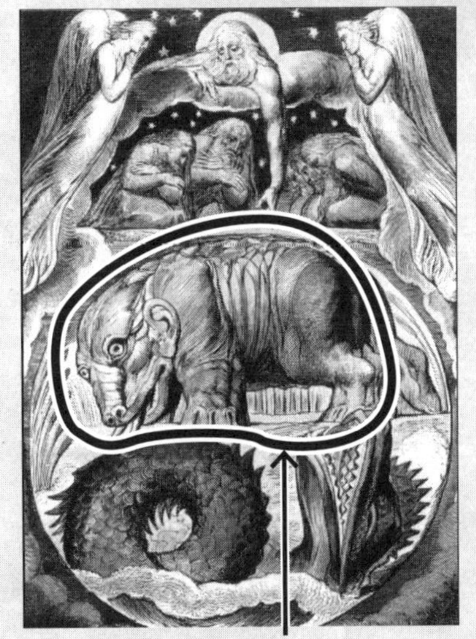

ベヒモス

これこそ神の傑作／造り主をおいて剣をそれに突きつける者はない。

つまり、**ベヒモスに剣を突き刺せるのは唯一神のみなのだ。**
しかも、**陸上の生物としては、最大だと思われる。**

川が押し流そうとしても、彼は動じない。ヨルダンが口に流れ込んでも、ひるまない。
まともに捕えたり／罠にかけてその鼻を貫きうるものがあろうか。

つまり、川程度では押し流されないばかりか、ヨルダン川[1]が口の中に流れ込んできても平気なほどの巨体なのだ。
だが、中世キリスト教においては、リヴァイアサンと同じく悪魔の一柱とされてしまった。暴飲暴食を司る悪魔とされ、太った象頭の人間として描かれることが多い。

1　延長425kmの中東の川。信濃川の延長が367kmなので、大陸の河川としてはそこまで大きくはないが、日本の川よりは長い。

095

バハムート

Bahamut

宇宙海で地球を支えている巨大な怪魚

元々は、ベヒモスがイスラム圏に伝えられて怪物となったものだ。

ところが、**奇妙なことに、ベヒモスは陸上の怪物なのにもかかわらず、バハムートは怪魚、すなわち魚の怪物だ。**

中世イスラム教には、宇宙の構造についての神秘的な解釈が幾つかあった。次はその一つである。

アラーは荒ぶる大地を天使に背負わせたが、安定しなかった。

そこで、天使の足元に緑色の岩盤（一説には、巨大なルビーだともいわれる）を作った。

そして、岩盤を支える雄牛（牛の名前はクユーターという）を、さらに牛を乗せる巨大魚を作った。この魚こそがバハムートである。

バハムートの大きさは、世界の海すべてを集めてバハムートの鼻の穴にいれたとしても、それは砂漠の中のカラシ種[1]程度しかないといわれるほどだ。

だが、別の解釈では、順序が少し違う。

大地は平らで、周囲はクアフ山で囲われている。そして、その大地はクユーターという牛の上にある。

牛は、バハムートという怪魚の上に立っている。

バハムートは宇宙海（地上にある海とは別物）を泳いでいるが、宇宙海は巨大なボウルで、そのボウルは天使（一説にはジン）の上に乗せてあるという。右の絵は、こちらの説を描いたものだ。

巨大な魚が、なぜドラゴンにすり替わったのか？

最近では、バハムートがドラゴンの名前になっていることが多いが、これは**『ダンジョンズ＆ドラゴンズ』のモンスターリストでバハムートがドラゴンとして登場したためだ。**

これが、多くのクリエイターに影響を与え、その後の多くのエンタテインメントでも、ドラゴンとして登場するようになった。

1　カラシの種は、直径0.5mm程度。聖書などにも、小さいものの例として、しばしば登場する。

096

クラーケン

KRAKEN

元々は、イカではなくタコだったクラーケン

人間が戦うことのできる海の怪物の中でも、最大級のモンスターが「クラーケン」だ。

18世紀のデンマーク人司教エリック・ポントピダンの書いた『ノルウェー博物誌』に、初めてクラーケンが掲載されている。

それによると、横幅1マイル半（2.4km）で、その触手でどんな大きな船も抱き込んで沈めてしまうという。

巨大な背は島のように海上に浮かんでおり、浮島はすべてクラーケンなのだという。

そして**黒い液体を吐いて、海を真っ黒にするという。解説から類推するに巨大なタコの怪物だ。**

ただ、他にもイカ説、エビ説、クラゲ説、ヒトデ説など、様々な説が唱えられている。

クラーケンという名前では呼ばれていないものの、巨大なタコやイカの怪物についての伝承は、もっと古くから存在する。

ポントピダンが、それらの伝承の怪物に、クラーケン（＝ねじ曲がったもの）という名前を付けたのではないかといわれている。

グーグルアースの画像にクラーケンが写っていた!?

19世紀になると、造船技術が向上したためか、クラーケンに襲われたが生還したという目撃談が、ポツポツと現れ始めた。

そして1861年には、フランスの戦艦アレクタンが、ついにクラーケンを捕獲したという報告を行った。

彼らが持ち帰った生き物こそ、現在ではダイオウイカとして知られている巨大イカだった。

ダイオウイカは、全長13mほど、未確定の目撃譚では全長20mもあるものまであり、近世以前の木造帆船では、確かに攻撃されれば沈没してもおかしくない。

また、1896年には、アメリカのフロリダ州の海岸で、巨大な生物の一部と見られる物体が打ち上げられた。それはタコの足そっくりで、８mもあった。

もしこれが本当にタコの足だったら、本体のサイズは25m以上ある化け物サイズだ。

さらには、**2016年にグーグルアースの画像にクラーケンらしきものが写っていると話題になった。そのサイズは、120m以上あるといわれている。**

まだまだ、人類は海洋について知らないことが多い。

モンスターとしてのクラーケンはいないかもしれないが、巨大生物としてのクラーケンなら、もしかして存在しているのかもしれない。

097

ウロボロス

OUROBOROS

寿命がなく、脱皮しながら際限なく成長し続ける永遠の象徴

「ウロボロス」とは、自らの尾をくわえた蛇のことだ。蛇ではなく、龍として描かれることもある。

蛇は、脱皮していくらでも成長し、寿命もなく、さらに長期の飢餓にも耐えうる、まさに永遠に生きる生き物として知られていた。

その蛇が、自らの尾をくわえることで、円環をなし、始まりも終わりもない永遠の象徴となったのが、ウロボロスだ。

ウロボロスは、1匹の場合（自分の尻尾をくわえている）と、2匹の場合（互いに、相手の尻尾をくわえている）がある。

前者は、宇宙のすべてが1匹の蛇に内包されているので、「完全」「回帰」「全一」といった意味を持つ。

それに対し、後者は、光と闇・天と地・動と静・物質と精神・男性と女性といった互いに相反するものを表しており、「相克」「調和」「均衡」「逆説」といった意味を持つ。

どちらがより古く原型に近いのかは、わからない。

もっとも古いといわれる古代エジプトのウロボロスに似た蛇の図案でも、両方あってどちらが古いともいえない。

殺されたことなく悪の組織や秘密結社によく使われる名前

この本のようなモンスター解説書としては困ってしまうのだが、**ウロボロスには、語るべきエピソードがない。あくまでも、象徴だからだ。**

ただし、学問的には非常に重要な地位を占めている。

例えば錬金術において、ウロボロスは生命のたどる永遠の周期を象徴する。神秘学では、「魂の不滅」や「永遠の生命」を表している。

象徴的存在であるため、ウロボロスは、神話的に殺されたことがない。

だから、組織の名前としても験(げん)が悪くないのか、悪の組織や秘密組織の名前などにもよく使われる。

098

アジ・ダハーカ

Azhdaha

大魔王アンリ・マンユが生み出した、世界の3分の1を壊滅させる邪悪な蛇

怪物は、なにもヨーロッパだけにいるわけではない。「アジ・ダハーカ」はペルシアで興ったゾロアスター教における邪悪な蛇だ。

ゾロアスターは、ゾロアスター教の開祖で、ザラスシュトラともツァラトゥストラとも呼ばれ、紀元前11〜10世紀ごろのペルシアの人だ。

ゾロアスター教は、『アヴェスター』という世界最古の教典を持つ宗教といわれる。

その内容は、至高神アフラ・マズダと、大魔王アンリ・マンユ（アーリマン）の対立する二元論だ。そのアンリ・マンユの作った邪悪な怪物がアジ・ダハーカ[1]だ。

それによると、姿は三頭・三口・六眼で翼ある龍で、千の術を使う。なんとなく、キングギドラを彷彿させる怪物だ。

英雄スラエータオナが討とうとしたが、剣で切りつけても切り口から気味悪い爬虫類が這い出してきて、殺すことができない。

そのため、**デマーヴァンド山に世界の終わりまで封印することにした。**

予言によれば、終末が来るとアジ・ダハーカは解き放たれ、生き物の３分の１を食い殺すという。

しかし、アジ・ダハーカが解き放たれると、英雄ガルシャスプも死から蘇る。そして、ガルシャスプによってアジ・ダハーカは斃され、世界の３分の２は救われるという。

毎日2人の若者の脳みそを食らいつつ1000年ペルシアを支配

イスラム教時代になると、アジ・ダハーカは龍ではなく人の姿をとる。そして、名前もザッハークと呼ばれるようになる。

ペルシアの叙事詩『シャー・ナーメ』によれば、ザッハークは砂漠の王マルダースの息子だ。勇敢だが、思慮に欠ける行動をする王子だった。

悪霊イブリース[2]はザッハークを誘惑し、王を殺して王位につけさせた。

そして人間に変身すると、王の料理人になり、素晴らしい料理でザッハークを楽しませた。

褒美をもらう時になって、イブリースは王の両肩にキスすることを求めた。すると、両肩から黒い蛇が生えてきた。

しかも、その蛇は切っても切っても生えてくる。いかなる医師も、蛇を取り除くことはできなかった。

イブリースは、今度は医師に変身して王の前に現れ、毎日それぞれの蛇に人間の脳みそを食べさせれば、いずれ蛇は死ぬだろうと診た。

ザッハークは、その後毎日２人の若者の脳みそを蛇に食わせつつ、1000年の間、ペルシアを支配した。

だが、英雄フェリドーンに討たれて、デマーヴァンド山に幽閉された。終末の時には、ザッハークはアジ・ダハーカの本性を取り戻して復活するという。

1 『アヴェスター』での表記。
2 悪魔サタンのこととされる。

099

ヴリトラ

VRITRA

蛇とも蜘蛛ともいわれるインド最強の怪物

ペルシアの隣のインドにも、やはり怪物伝説がある。

その中でも最強なのが、『リグ・ヴェーダ』にも登場する「ヴリトラ」だ。「足なく手なき」「肩なき」怪物と書かれている上、そもそもヴリトラとは「囲うもの」といった意味であることから、恐らく本来は蛇の怪物だったのだろう。

だが、絵画では蜘蛛の怪物として描かれていることが多い。

ヴリトラは、インドの悪魔的種族アスラの１人であり、ヴリトラ・アスラと呼ばれることもある。

雷神インドラの、巧妙すぎるやり口にはまって殺される

また、**ヴリトラは雷神インドラの仇敵として知られており、両者は海でも空でも陸でも、ありとあらゆるところで戦った。**

あまりの惨事に、ついにヴィシュヌ神が仲介し、次のような約定を両者の間に立てさせた。

- **両者はできるだけ会わないようにする。**
- **両者は相手を、昼でも夜でも、濡れているものでも乾いているものでも、鉄・石・木のいずれでも殺せない。**

こうして、一応の休戦となった。だが、インドラはさらに一枚上手であった。

とある夕方（つまり、昼でも夜でもない時間）に、波の砕ける海岸にいるヴリトラを見つけた。

インドラは、海の泡に入り込んでヴリトラに襲いかかった。

濡れているのでも乾いているのでもなく、鉄でも石でも木でもないもの、すなわち海の泡でヴリトラを殺したのだ。

別のエピソードもある。

ヴリトラ・アスラ率いるアスラの軍と神々が戦ったが、神々は劣勢だった。

インドラは、休戦後もヴリトラを倒せないものかと考えていた。

神々は、聖仙ダディーチャの骨をもらい受け、その骨でヴァジュラ（金剛杵）を作った。

このヴァジュラを使って、インドラがヴリトラを殺したというものだ。

これも、鉄でも石でも木でもないものでヴリトラを殺すという制約を満たしている。

この功績によって、インドラはヴリトラハン（ヴリトラ殺し）の名を持つことになる。

100

ガルーダ

GARUDA

ヒンドゥー教の最高神の一人・ヴィシュヌが乗る鳥の王

インドの神話に登場する聖なる鳥が「ガルーダ」だ。

すべての鳥の王といわれ、宇宙の維持を司る神ヴィシュヌが騎乗して空を飛ぶという。

その姿には諸説あり、金色の鷲(わし)であるという説が有力だが、色は赤色や緑色という説もある。金色や赤色という説には、炎のように光輝くという意味合いがあるのかもしれない。

また、孔雀の姿という説もある。

これは、孔雀が蛇を食べるといわれているところから、ナーガ族（人面蛇体の種族）の敵である孔雀の姿を想像したのかもしれない。インド以東では、蛇や龍は必ずしも悪ではないということは、ドラゴンの項で説明した。

しかし、それでも時には暴力的に人間を襲うものとして恐れられていたことに変わりはない。**ガルーダは、そのような暴力から人を守る聖鳥として崇められていた。**

また、人間の頭と胴体に鷲の翼と蹴爪（けづめ）、嘴（くちばし）の姿をし、腕が4本あるという異形であるという説もある。もっと単純に、鷲の翼を生やした人間であるともいわれる。

こうしてガルーダはヴィシュヌの乗り物になった

実はガルーダとナーガは、母親が姉妹の異母兄弟だ。

造物主プラジャーパティの娘カドゥルーとヴィナターは、２人とも聖仙カシュヤパの妻となった。カドゥルーは1000人のナーガの母となることを望み、ヴィナターはカドゥルーの子より優れた２人の息子を望む。この下の息子がガルーダだ。

母によって上半身だけに生まれた上の息子アルナの呪いによって、ヴィナターはカドゥルーの奴隷となった。これを解放してもらうために、ガルーダは、神々の聖酒アムリタを奪い取った。

その時に、ヴィシュヌに出会った。**ヴィシュヌはガルーダを不死にしてくれたので、ガルーダはヴィシュヌのヴァーハナ（乗り物）になることにした。**

そこにインドラがアムリタを取り返しに来たが、ガルーダにはかなわない。そこで、友情を結ぶことにした。ガルーダは不死の身体を得て、ナーガを食料とすることを誓った。

ガルーダは、母を奴隷から解放するためにアムリタをナーガに渡したが、沐浴（もくよく）してから飲むものだと嘘をついた。

そして、ナーガが沐浴している隙にインドラがアムリタを取り返してしまう。ナーガは欺かれたことに気付いたが、もはや取り返しはつかなかった。

インドから東南アジアにかけて、ガルーダは様々な象徴に使われている。

タイ王国の国章は、赤い人間に鷲の翼と足を付けたガルーダであるし、インドネシア共和国の国章は黄金の鷲の姿のガルーダだ。

インドネシアの航空会社はガルーダ航空だし、タイ航空のシンボルもガルーダが使われている。

101

窫窳

Yàyû

死してなお見張りが必要な危険怪物

「窫窳（あつゆ）」は、中国の伝承の怪物。

ただし、元々は、神の一柱だったといわれている。

『山海経』の『海内西経』によれば、人間の頭に蛇の身体をしていた。

窫窳は弐負（じふ）とその臣下である危（き）によって殺された。

天帝は死んだ窫窳を疏屬（そしょく）の山に縛り付けた。その上に右足に足かせをつけ、髪の毛と両手を後ろで縛った。

窫窳は死体になっても、危険だったことも記されている。

開明獣のいるところから東には、巫彭(ふほう)・巫抵(ふてい)・巫陽(ふよう)・巫履(ふり)・巫凡(ふぼん)・巫相(ふそう)という６人の巫(かんなぎ)がいて、窫窳の死体を囲んで、死の気が広がるのを防いでいる。

この窫窳は、弐負らに殺されたとあるので、先の窫窳のことであることがわかる。

生き返らせてもらったことに腹を立て、川に身投げしてモンスターに

だが、のちに登場する窫窳は、姿が異なる。

黄帝に蘇生させてもらったが、それに我慢ならず、自ら川に身を投げて怪物に変じたのだともいわれる。

『海内経』によれば、その姿は龍の首で、人間を食う。

別の伝承では、頭は人間だが、身体は赤牛、足は馬、鳴き声は赤ん坊のようだという。

化け物になった窫窳は人を食うようになったという。

そして最期は五帝の一人である堯の命令によって、羿(げい)[1]の弓で退治されたという。

1　太陽が10個同時に現れて、地上が灼熱の地獄と化した時、天より遣わされた神。弓で9個の太陽を射殺し、1個にした。

102
蚩尤
CHIYÓU

魑魅魍魎を従え、この世で初めて反乱を起こした邪悪な神

蚩尤（しゆう）は、中国の神話に登場する神の一柱だ。ただし、邪悪な神であり、反乱という概念を最初に発議し実行した神としても知られている。

つまり、**蚩尤が登場するまでは、この世に反乱はなかったのだ。**

蚩尤は、牛の頭、人間の身体、馬の蹄に、眼が４つで、腕６本という異形だ。異説では、腕が８本で、脚も８本ともいわれている。通常の食べ物ではなく、石や土を食べる。

蚩尤は、中国の黄帝[1]に反乱を起こし、神話の時代における最大の戦争を起こした。

というのも、蚩尤は、炎帝神農氏の末裔であったからだ。神農氏は、元は中国の皇帝であったが、８代に至った時にはその徳は失われ、欲望のままに民を苦しめる存在になっていた。

そんな神農氏を倒して新たな皇帝になったのが黄帝だ。とはいえ、神農氏を抹殺するのも憚(はばか)られ、南方の王に封じた。

そんな黄帝に対し、炎帝の子孫である自分こそが皇帝にふさわしいと考えたのが蚩尤だった。

ただ、炎帝の子孫は、蚩尤とは別に南方の王として封じられている。そこで、蚩尤はまず南方の王を皆殺しにした。

蚩尤には、自分と同じ姿をした兄弟がいた。その数は、72体とも81体ともいわれ、蚩尤はこの兄弟たちを中心にして軍隊を編成した。

さらに兵士として、魑魅魍魎(ちみもうりょう)の類が集められた。

黄帝に敗れたあとは、黄帝の軍神として崇められる

こうして黄帝軍と蚩尤軍の戦いが始まった。蚩尤は、霧を発生させる力を利用して、黄帝軍の眼を奪った。

しかも、蚩尤の兵は暗闇でも行動できる魑魅魍魎。これだけで蚩尤は圧倒的に有利である。

だが、黄帝は指南車[2]を使って軍を導いた。蚩尤の武勇に対しては、より強い應龍によって封じた。

加えて、西王母から与えられた『陰符経(いんぷきょう)』という兵法書を利用して指揮をとり、戦況を大きく変えた。

こうして蚩尤は破れ、青丘之山で捕らえられた。二度と復活しないように蚩尤の身体はバラバラに切りわけられ、寿張県(じゅちょうけん)の墓には頭と胴体が、鉅野県(きょやけん)の墓には手足が埋葬されたと伝えられている。

蚩尤の死後、**再び天下が乱れた時、黄帝は蚩尤の姿を絵に描いた。それを見て、蚩尤が黄帝の配下になったと思った敵は、諦めて降伏した。**

その後、**蚩尤は、黄帝に従う軍神として、崇拝されるようになった。魑魅魍魎を従えたことから、厄を祓う神としても信仰を集めている。**

1　中国の伝説における素晴らしい3人と5人の皇帝を「三皇五帝」という。その筆頭ともいえるのが、黄帝だ。
2　常に南を指すという車。今でいう方位磁石の働きがある。どのような仕組みでこうなっているのかは不明。

【冒険後記⑥】　自分の王国にて

世界を巡り、モンスターを倒し、王となり、それから……

ずいぶん冒険し、たくさんのモンスターを倒してきた。

資料通りのモンスターもいた。そうでないモンスターもいた。全く情報のないモンスターとも遭遇した。

けれど、資料館で教えてもらったモンスターすべてに出会ったわけではない。

まだ遭遇していないだけなのか？　それとも実在しないのか？　もしかすると、滅びてしまった可能性もある。

なにしろ雑魚級の中にも、出会ったことのないモンスターがいる。

雑魚だからたくさんいて、簡単に見つけられる、というわけではないからだ。

その代表が、視肉だ。まあ視肉の場合、他のモンスター……いや、カラスや虫にだって食われない理由がない。

だからよほど安全で、人にも知られていない場所でなければ、存在し続けることができないのだろう。

それより、ラスボスはどうしたのかって？

何匹かは退治した。

退治すると、周辺地域から強いモンスターがいなくなり、比較的安全になったこともあったが、何も起こらないことの方が多かった。

安全になった場所には、人々がやってきた。

そして私に、安全を保つよう望んだ。

私はそれを受け入れ、王になった。

人々から年貢をもらい、私は人々のために、モンスターを退治した。

安全な地域は広がっていき、私の王国も広くなり、人口も増えていった。

もはやこの周辺には、退治してもすぐ湧いてくる雑魚モンスターしかいなくなった。

だが、私も年をとった。

今は、私がいなくなってもモンスターを退治する者がいなくならないように、冒険者を育てている。

君も、冒険者にならないか？

希望者には、身の丈に合った装備と、モンスターについての知識を与えよう。

そして、私がまだ見ぬ世界を見てきてくれ。

人間に「恐れ」がある限り、モンスターは永遠に存在し続ける～おわりに～

そもそも、人間はなぜモンスターなど思いついたのだろう。

太古の人類にとっては、確かに世界は恐ろしいものだった。

夜目の利かない人間にとって、暗闇は危険を意味した。

それは、夜行性の猛獣のような感知できる危険だけではない。

ちょっと道を踏み外して転落する者、帰り道を見失って戻れなくなった者など、いくらでもいたに違いない。

しかし、生き残った者にとって、それは暗闇に消えて戻らなかった者としかわからない。

そこで残された人々は、暗闇の中に潜む恐ろしい何物かを想像することになったのだろう。少なくとも、目に見えない恐怖よりは、目に見える怪物の方が恐ろしくないからだ。

雷が落ちれば雷を操る何かを恐れ、洪水が起きれば水を操る何かを恐れ、火山が爆発すれば火を操る何かを恐れる。もちろん、その恐れの大半は神への畏れとなって宗教を生みだしたといわれている。

だが、一部は怪物への恐れとなってその伝承を生みだしたのだと思う。

そう考えてみると、様々なモンスターは、人間の何かへの恐れから生みだされたものなのだ。

死霊やアンデッドの類が、死や死体への恐れから生みだされたのは、すぐにわかるだろう。人間型のモンスターは、恐らく見知らぬ異人への恐怖ではないだろうか。

だが、奇妙なことに、雷が電気であり、天気予報がわかるようになり、火山の噴火こそ止められないものの予測はかなり可能になった現在でも、モンスターの数は減るどころか増える一方だ。

もちろん、現代特有の恐怖が増えたことは否定できない。電波通信の発達が蝿男を創造させ、核の恐怖がゴジラを生みだし、AIの発達が人工知能という新たなモンスターを生みだした。

つまり、人間はいつの時代になっても何かを恐れ、その恐れからモンスターを生みだす。モンスターは人間が存在する限り、決していなくならない永遠の存在なのだ。

索引

参考文献

『Popular romances of the west of England』Robert Hunt(Chatto & Windus)/『アメリカ・インディアンの神話と伝説ー民俗民芸双書74ー』エラ・イ・クラーク(山下欣一)(岩崎美術社)/『イスラム幻想世界ー怪物・英雄・魔術の物語ー』桂令夫(新紀元社)/『イリアス』ホメロス(松平千秋)(岩波書店)/『インド神話』ヴェロニカ・イオンズ(酒井傳六)(青土社)/『インド曼陀羅大陸ー神々/魔族/半神/精霊ー』蔡丈夫(新紀元社)/『ヴァンパイアー吸血鬼伝説の系譜ー』森野たくみ(新紀元社)/『エジプト神話』ヴェロニカ・イオンズ(酒井傳六)(青土社)/『エッダー古代北欧歌謡集ー』(谷口幸男)(新潮社)/『鬼の研究』馬場あき子(筑摩書房)/『オリエント神話』ジョン・グレイ(森雅子)(青土社)/『吸血鬼伝説』栗原成郎(河出書房新社)/『ギリシア・ローマ神話事典』マイケル・グラント、ジョン・ヘイゼル(西田実他)(大修館書店)/『ギリシア・ローマ神話辞典』高津春繁(岩波書店)/『ギリシア案内記』パウサニアス(馬場恵二)(岩波書店)/『ギリシア記』パウサニアス(飯尾都人)(龍渓書舎)/『ギリシア神話』アポロドーロス(高津春繁)(岩波書店)/『ギルガメシュ叙事詩』(矢島文夫)(筑摩書房)/『幻獣辞典』ホルヘ・ルイス・ボルヘス、マルガリータ・ゲレロ(柳瀬尚紀)(晶文社)/『幻想生物 西洋編ーTruth In Fantasy 82ー』山北篤(新紀元社)/『幻想世界の住人たちII』健部伸明と怪兵隊(新紀元社)/『幻想世界の住人たちIIIー中国編ー』篠田耕一(新紀元社)/『原典対照 ルイス・キャロル詩集』ルイス・キャロル(高橋康也、沢崎順之助)(筑摩書房)/『公女マーラヴィカーとアグニミトラ王』カーリダーサ(大地原豊)(岩波書店)/『山海経ー中国古代の神話世界ー』(高馬三良)(平凡社)/『シュメル神話の世界ー粘土板に刻まれた最古のロマンー』岡田明子、小林登志子(中央公論新社)/『春秋左氏伝(上下)』(小倉芳彦)(岩波書店)/『神統記』ヘシオドス(廣川洋一)(岩波書店)/『シンボル事典』水之江有一(北星堂書店)/『図説 ヨーロッパ怪物文化誌事典』蔵持不三也、松平俊久(原書房)/『聖ヒルデガルトの医学と自然学』ヒルデガルト・フォン・ビンゲン(井村宏次 他)(ビイング・ネット・プレス)/『世界の怪物・神獣事典』キャロル・ローズ(松村一男)(原書房)/『千夜一夜物語ーバートン版・大場正史訳ー』(大場正史)(河出書房)/『トールキン指輪物語事典』デビッド・デイ(仁保真佐子)(原書房)/『日本の鬼ー日本文化探求の視角ー』近藤喜博(講談社)/『日本妖怪大事典』村上健司、水木しげる(角川書店)/『フランス田園伝説集』ジョルジュ・サンド(篠田知和基)(岩波書店)/『民間信仰辞典』桜井徳太郎(東京堂出版)/『指輪物語』J.R.R.トールキン(瀬田貞二、田中明子)(評論社)/『妖精Who's Who』キャサリン・ブリッグズ(井村君江)(筑摩書房)/『妖精キャラクター事典』中山星香、井村君江(新書館)/『妖精事典』キャサリン・ブリッグズ(平野敬一、井村君江、三宅忠明、吉田新一)(冨山房)/『ラヴクラフト全集4』H.P.ラヴクラフト(大瀧啓裕)(東京創元社)/『聊斎志異 下ー中国古典文学大系41ー』蒲松齢(増田渉、松枝茂夫、常石茂)(平凡社)/『聊斎志異 上ー中国古典文学大系40ー』蒲松齢(増田渉、松枝茂夫、常石茂)(平凡社)/『ロシアの神話』フェリックス・ギラン(小海永二)(青土社)/『アファナーシエフ ロシア民話集(上下)』(中村喜和)(岩波書店)/『倭漢三才圖會』寺島良安(国立国会図書館デジタルコレクション)

カバーイラスト:LIM&緑川美帆
本文イラスト:LIM(1~4章、5章072~074、076~079、081、084~087、モンスター資料館館長、冒険者)
緑川美帆(5章075、080、082~083、6章のすべて)
装丁:池上幸一
編集:越智秀樹・佳南子(OCHI企画)

［著者紹介］

山北篤（やまきた・あつし）

ゲーム・幻想・歴史等に関する幅広い書籍を執筆する。『魔法事典』『コンピュータゲームの数学』『現代知識チートマニュアル』『シナリオのためのファンタジー事典』など多数。

細江ひろみ（ほそえ・ひろみ）

パソコン通信で初めて経験したTRPGのリプレイエッセイ『無謀戦士ヴィエ』でデビュー。TRPG関連書籍、ゲームノベライズ等の著作を数多くこなす。

［イラストレーター紹介］

LIM（りむ）

ドラゴンや幻獣といったモンスターが好きで、主にソーシャルゲームのイラスト等を担当。

緑川美帆（みどりかわ・みほ）

モンスターデザイナー・イラストレーター。ゲームを中心に、多方面で架空動物を作っている。「生きた」生き物をテーマとしている。動物全般が好き。趣味で、海の魚を採って飼育している。参加作品は『パズル&ドラゴンズ』など多数。

1日3分読むだけで一生語れる
モンスター図鑑

2020年10月31日　第1刷発行

著　者　山北篤、細江ひろみ
発行者　徳留慶太郎
発行所　株式会社すばる舎
〒170-0013
東京都豊島区東池袋3-9-7 東池袋織本ビル
TEL 03-3981-8651（代表）
03-3981-0767（営業部）
振替 00140-7-116563
http://www.subarusya.jp/
印刷所　シナノ印刷株式会社

落丁・乱丁本はお取り替えいたします

ISBN978-4-7991-0892-5